Wirtschaftsförderung in Lehre und Praxis

Weitere Bände in dieser Reihe
http://www.springer.com/series/15091

Herausgeber:

André Göbel
FB Verwaltungswissenschaften
Hochschule Harz
Halberstadt, Deutschland

Die Buchreihe ergänzt das Studium der Wirtschaftsförderung an der Hochschule Harz und wurde unter der Leitung von Professor Dr. André Göbel in enger Kooperation mit Partnern aus der Wissenschaft und Praxis entwickelt. In einem modularen Aufbau werden Grundlagen-, Methoden- und Schlüsselkompetenzen vermittelt. Neue Bedingungen im kommunalen, regionalen und internationalen Standortwettb ewerber fordern eine moderne Verwaltungsinfrastruktur mit ausgezeichnet qualifiziertem Nachwuchs an Fach- und Führungspersonal. Eine hohe Serviceorientierung, effektive Methoden und Technologien und eine immer stärkere Verzahnung mit der kommunalen Entwicklung prägen das Bild der heutigen Wirtschaftsförderung. Als Bindeglied zwischen Verwaltungen und Unternehmen bieten Wirtschaftsförderungen ein vielseitiges Tätigkeitsfeld. Buchreihe und Zertifikatskurs richten sich an MitarbeiterInnen aus der Wirtschaftsförderung, der kommunalen Verwaltung sowie an politische Mandatsträger und an Interessierte aus ähnlichen Berufsfeldern.

Matthias Vogelgesang · Philip Pongratz

Serviceorientierte Verwaltung und Wirtschaftsförderung

Grundlagen für die Praxis

Matthias Vogelgesang
WFK mbH
Kaiserslautern, Deutschland

Philip Pongratz
WFK mbH
Kaiserslautern, Deutschland

Wirtschaftsförderung in Lehre und Praxis
ISBN 978-3-658-12464-9   ISBN 978-3-658-12465-6 (eBook)
DOI 10.1007/978-3-658-12465-6

Die Deutsche Nationalbibliothek verzeichnet diese Publikation in der Deutschen Nationalbibliografie; detaillierte bibliografische Daten sind im Internet über http://dnb.d-nb.de abrufbar

Springer Gabler
© Springer Fachmedien Wiesbaden 2016
Das Werk einschließlich aller seiner Teile ist urheberrechtlich geschützt. Jede Verwertung, die nicht ausdrücklich vom Urheberrechtsgesetz zugelassen ist, bedarf der vorherigen Zustimmung des Verlags. Das gilt insbesondere für Vervielfältigungen, Bearbeitungen, Übersetzungen, Mikroverfilmungen und die Einspeicherung und Verarbeitung in elektronischen Systemen.
Die Wiedergabe von Gebrauchsnamen, Handelsnamen, Warenbezeichnungen usw. in diesem Werk berechtigt auch ohne besondere Kennzeichnung nicht zu der Annahme, dass solche Namen im Sinne der Warenzeichen- und Markenschutz-Gesetzgebung als frei zu betrachten wären und daher von jedermann benutzt werden dürften.
Der Verlag, die Autoren und die Herausgeber gehen davon aus, dass die Angaben und Informationen in diesem Werk zum Zeitpunkt der Veröffentlichung vollständig und korrekt sind. Weder der Verlag, noch die Autoren oder die Herausgeber übernehmen, ausdrücklich oder implizit, Gewähr für den Inhalt des Werkes, etwaige Fehler oder Äußerungen.

Gedruckt auf säurefreiem und chlorfrei gebleichtem Papier

Lektorat: Stefanie Brich

Coverdesign: deblik Berlin unter Verwendung der Grafik der © Hochschule Harz

Springer Gabler ist Teil von Springer Nature
Die eingetragene Gesellschaft ist Springer Fachmedien Wiesbaden GmbH

Reihenvorwort des Herausgebers

Prof. Dr. André Göbel
(Foto: Hochschule Harz)

Der vorliegende dritte Band in der neuen Schriftenreihe zur „Wirtschaftsförderung in Lehre und Praxis" soll einen Beitrag zur weiteren Professionalisierung der kommunalen Wirtschaftsförderung im deutschsprachigen Raum leisten. Die Schriftenreihe ist dabei prominent eingebettet in die Entwicklungen und angewandt-wissenschaftlichen Auseinandersetzungen beteiligter Forscherinnen und Forscher am Fachbereich Verwaltungswissenschaften der Hochschule Harz auf dem Campus Halberstadt in Sachsen-Anhalt.

Der Forschungs- und Ausbildungsbereich zur Wirtschaftsförderung ist ein interdisziplinärer Themencluster mit starkem Bezug zur öffentlichen Verwaltung. Am Fachbereich Verwaltungswissenschaften der Hochschule Harz wird dieser Themencluster unter anderem als eigenständiger Forschungsschwerpunkt intensiv bearbeitet. Der junge Fachbereich entstand durch die Externalisierung der nicht-technischen Ausbildung zum gehobenen Verwaltungsdienst in Sachsen-Anhalt im Jahre 1997 – ein damaliges Innovationsmodell zur Öffnung der Verwaltungsausbildung und Überführung in eine öffentliche Hochschule. Bis heute wird diese Vorgehensweise als „Halberstädter Modell" bezeichnet und wurde in späteren Jahren auch von anderen deutschen Bundesländern umgesetzt (Bundesvereinigung Hochschullehrerbund 1998, S. 21). Diese Öffnung der Ausbildung ließ erstmals eine breitere Denomination der Professuren und damit auch eine Ausweitung der Ausbildung zu. Mit der Berufung des heutigen Dekans Prof. Dr. Stember auf die Professur für Verwaltungswissenschaften im Jahre 1999, folgte ein erfahrener Wirtschaftsförderer dem Ruf an die Ausbildungsstätte im Harz. Auch durch andere Kolleginnen und Kollegen wurden immer wieder Themen der kommunalen Wirtschaftsförderung in die Ausbildung integriert.

Aus diesem Nukleus heraus entstanden erste Forschungsprojekte bis hin zum Aufbau des heute bundesweit viel beachteten Labors für angewandte IT in der Wirtschaftsförderung. Dieses „Wirtschaftsförderungslabor" führt inzwischen vertraglich mehr als 50 kommunale Wirtschaftsförderungen und die deutschen Markführer von System- und Beratungslösungen für Wirtschaftsförderungen als Partner zusammen. Hier werden seit dem Jahr 2011 in einer einzigartigen Gemeinschaft neue Methoden und Technologien im Anwendungsfeld der Wirtschaftsförderung analysiert, diskutiert und im Praxiseinsatz erprobt. Hinzu kam im Jahr 2013 der Aufbau eines zugehörigen Lehrlabors zur besseren Verzahnung von Forschung und Ausbildung (vgl. Göbel 2014).

Diese Leistungen wurden durch eine erfolgreiche Teilnahme am Wettbewerb „Aufstieg durch Bildung: offene Hochschulen" honoriert. Hierdurch werden seit 2014 mit Förderung des Bundesministeriums für Bildung und Forschung, kofinanziert durch die Europäische Union mit Mitteln des Europäischen Sozialfonds, erste Zertifikatskurse zur berufsbegleitenden Weiterbildung in der Wirtschaftsförderung realisiert. Mit großem Bestreben werden ab dem Wintersemester 2016/2017 diese geförderten Weiterbildungsangebote nachhaltig zu einem berufsbegleitenden und modular angebotenen Masterstudium an der Hochschule Harz zusammengeführt. Hierdurch möchte die Hochschule Harz der bestehenden Nachfrage gerecht werden, welche die vorliegenden Anfragen und die bisherigen Teilnehmer von der Geschäftsführungsebene bis zur Sachbearbeitung bestätigen.

Um diesen Ausbildungsbeitrag zur Professionalisierung des Berufsbilds der Wirtschaftsförderinnen und Wirtschaftsförderer weiter zu stärken, werden mit der vorliegenden Schriftenreihe die gewonnenen Erkenntnisse aus Lehre und Praxis sowohl als Printmedium sowie auch in Form von digitalen Auszügen über moderne Kommunikationskanäle verfügbar gemacht. Die aktuell in sehr kurzen Zyklen produzierten Bände dieser Schriftenreihe folgen dem modularen Ausbildungsziel des oben genannten Zertifikatsstudiums an der Hochschule Harz. In diesem Rahmen werden je vier Bände mit dem Schwerpunkten Verwaltungswissenschaft, Geographie / Raumplanung sowie Wirtschaftswissenschaft entwickelt und in kurzen Abständen veröffentlicht. Somit soll eine modulare Weiterbildung für aktuell häufig vertretene Berufsgruppen in der kommunalen Wirtschaftsförderung ermöglicht werden. Hierzu gehören vor allem Geographinnen und Geographen mit möglichen Weiterbildungsbedarfen in Verwaltung und Wirtschaft; Soziologinnen und Soziologen sowie Studierende mit einem Abschluss in den Verwaltungswissenschaften mit jeweiligen Weiterbildungsbedarfen in Geographie und Wirtschaft; sowie Studierende der Volks- oder Betriebswirtschaft mit denkbaren Weiterbildungsbedarfen in Verwaltung und Geographie. Diese Bedarfe sollen mit der vorliegenden Schriftenreihe zur Wirtschaftsförderung in Lehre und Praxis aufgenommen und bearbeitet werden. Gleichermaßen gelten alle nachfolgenden Kernveröffentlichungen gleichzeitig als Basislektüre für das künftige Weiterbildungsangebot zur Wirtschaftsförderung an der Hochschule Harz. Die vorliegende Schriftenreihe umfasst dabei perspektivisch folgende Bände:

Im Spektrum „Verwaltungswissen für Wirtschaftsförderer" erscheinen:

- Grundlagen der Wirtschaftsförderung
- Steuerung, Methoden und Netzwerke in der Wirtschaftsförderung
- Serviceorientierte Verwaltung und Wirtschaftsförderung
- Neue Technologien in der Wirtschaftsförderung

Zum Themencluster „Geographie und Raumplanung für Wirtschaftsförderer" erscheinen:

- Entwicklung und Regionalökonomie in der Wirtschaftsförderung
- Wissen- und Innovationsgeographie in der Wirtschaftsförderung
- Standortmanagement in der Wirtschaftsförderung
- Standortmarketing in der Wirtschaftsförderung

Im Bereich „Wirtschaftswissen für Wirtschaftsförderer" werden aktuell vorbereitet (Arbeitstitel):

- Existenzgründung und Existenzförderung in der Wirtschaftsförderung
- Unternehmensfinanzierung und -förderung aus Sicht der Wirtschaftsförderung
- Unternehmensführung und Innovation aus Sicht der Wirtschaftsförderung
- Unternehmensführung und Wandel aus Sicht der Wirtschaftsförderung

Neben diesen Aspekten werden auch Querschnittsthemen in die Reihe einfließen, wie zum Beispiel aktuelle Themen der Strategieentwicklung zur Organisation der Wirtschaftsförderung und weitere Aspekte.

Mit all diesen thematischen Facetten soll ein Beitrag zur breiten öffentlichen Diskussion über die Chancen der Professionalisierung sowie über die notwendigen Kompetenzen, Ausstattungen und künftigen Aufgaben der kommunalen Wirtschaftsförderung geleistet werden. Ich freue mich daher Ihnen als Leserin und Leser nun gemeinsam mit Dr. Philip Pongratz und Matthias Vogelgesang diesen Übersichtsband zur „Serviceorientierten Verwaltung und Wirtschaftsförderung" in der Schriftenreihe zur Wirtschaftsförderung in Lehre und Praxis anbieten zu können. Wir freuen uns auf Ihre Rückmeldungen und wünschen Ihnen eine angenehme Lektüre.

Ihr
Prof. Dr. André Göbel
Vertreter der Professur für Verwaltungsmanagement und Wirtschaftsförderung, Hochschule Harz, Leiter der Labore für angewandte IT in der Wirtschaftsförderung

Literatur

Bundesvereinigung Hochschullehrerbund. (1998). Halberstädter Modell der FH Harz ist bundesweit einzigartig. *Die neue Hochschule*. 39 (1).

Göbel, André. (2014). Möglichkeiten einer gezielten Förderung der Zusammenarbeit von Hochschulen, Wirtschaft und Verwaltung. Darstellung am Beispiel des Aufbaus eines Innovationslabors für Wirtschaftsförderung an der Hochschule Harz. In: Lück-Schneider, Dagmar, & Kraatz, Erik (Hrsg.), *Kompetenzen für zeitgemäßes Public Management*. HWR Forschung Bd. 56/57. Berlin: Edition Sigma Verlag.

Inhaltsverzeichnis

1	**Einführung**	1
	1.1 Problemhintergrund und Aktualität	1
	1.2 Ziele des Moduls und Ausrichtung	2
	1.3 Strukturierungen	3
	1.4 Literatur- und Materialienüberblick	4
	Literatur	4
2	**Verwaltung und Wirtschaftsförderung**	5
	2.1 Verwaltung	6
	2.2 Wirtschaftsförderung	17
	2.3 Serviceorientierung und Qualitätsmanagement von Verwaltung und Wirtschaftsförderung	26
	2.4 Interkommunale Kooperationen auf den Gebieten Verwaltung und Wirtschaftsförderung	41
	Literatur	60
3	**Gesamtresümee und Abschlusskontrolle**	63
	3.1 Kontrollfragen	65
	Literatur	68
Weiterführende Literatur		69

Abbildungsverzeichnis

Abb. 2.1	Die Wirtschaftsförderung als Bindeglied (Eigene Darstellung 2013)	19
Abb. 2.2	WFK & Innovationsbereich Ehrenamt (Eigene Darstellung 2013)........	23
Abb. 2.3	**a**: Internetauftritt Arbeitsmentoren (http://www.arbeitsmarktmentoren.de/index.php/ueber-uns (Stand 16.01.2014)). **b**: Internetauftritt Arbeitsmarktmentoren (http://www.arbeitsmarktmentoren.de/index.php/ueber-uns (Stand 16.01.2014))	25
Abb. 2.4	Behördennummer 115...	27
Abb. 2.5	Kriterien guter Verwaltungsarbeit Nr. 1. Göbel (2013, S. 161 http://repositorium.uniosnabrueck.de/bitstream/urn:nbn:de:gbv:700-2012122110614/1/thesis_goebel.pdf)	30
Abb. 2.6	Kriterien guter Verwaltungsarbeit Nr. 2. Göbel (2013, S. 169 http://repositorium.uniosnabrueck.de/bitstream/urn:nbn:de:gbv:700-2012122110614/1/thesis_goebel.pdf)	31
Abb. 2.7	Servicemuster der Stadtverwaltung. Göbel (2013, S. 176 http://repositorium.uniosnabrueck.de/bitstream/urn:nbn:de:gbv:700-2012122110614/1/thesis_goebel.pdf)	32
Abb. 2.8	Gütekriterien in der Verwaltungskommunikation. Göbel (2013, S. 182 http://repositorium.uniosnabrueck.de/bitstream/urn:nbn:de:gbv:700-2012122110614/1/thesis_goebel.pdf)	33
Abb. 2.9	Güteversprechen für attraktive Investitionsstandorte (http://www.public-manager.com/aktuelles/einzelansicht/archive/2011/march/article/ral-guetezeichen-mittelstandsorientierte-kommunalverwaltung-schafft-klaren-vorteil-im-standortwettbewerb.html)...	38
Abb. 2.10	**a**: Wirtschaftsfreundliche Kommune Höxter (https://www.hoexter.de/portal/seiten/wirtschaftsfreundliche-verwaltung-908000100-22101.html?s_sprache=de&rubrik=908000007). **b**: Wirtschaftsfreundliche Kommune Höxter (https://www.hoexter.de/portal/seiten/wirtschaftsfreundliche-verwaltung-908000100-22101.html?s_sprache=de&rubrik=908000007)...	39

Abb. 2.11	Wettbewerb mittelstandsfreundlicher Kommunen (http://www.mittelstandsfreundliche-kommunen.de/home/startseite.htm)	40
Abb. 2.12	Interkommunale Kommunikation am Beispiel der WFK (eigene Darstellung 2013)	42
Abb. 2.13	Industriegebiet Nord Kaiserslautern Nr. 1 (Archiv WFK)	45
Abb. 2.14	Industriegebiet Nord Kaiserslautern Nr. 2 (http://www3.kaiserslautern.de/wfk-kl/media/Gewerbegebiete/05_IG-Nord_Erweiterung.pdf)	46
Abb. 2.15	Industriegebiet Nord Kaiserslautern Nr. 3 (Archiv WFK)	49

Tabellenverzeichnis

Tab. 2.1 Funktion und Dysfunktion bürokratischer Organisation. Göbel (2013, S. 66 http://repositorium.uniosnabrueck.de/bitstream/urn:nbn:de:gbv:700-2012122110614/1/thesis_goebel.pdf) 15

Tab. 2.2 Kundenbeteiligung im Konzeptions-/Revisionsprozess. Göbel (2013, S. 260 http://repositorium.uniosnabrueck.de/bitstream/urn:nbn:de:gbv:700-2012122110614/1/thesis_goebel.pdf) 34

Abkürzungsverzeichnis

AG	Aktiengesellschaft
GmbH	Gesellschaft mit beschränkter Haftung
CERT	Computer Emergency Response Team
EDV	Elektronische Datenverarbeitung
DStGB	Deutscher Städte- und Gemeindebund
IG	Industriegebiet
KL	Kaiserslautern
RAL	Reichsausschuss für Lieferbedingungen
TÜV	Technischer Überwachungsverein
TVöD	Tarifvertrag für den öffentlichen Dienst
WFK	Wirtschaftsförderungsgesellschaft Stadt und Landkreis Kaiserslautern
WiFö	Wirtschaftsförderung

Einführung 1

Zusammenfassung

Die Bedeutung einer serviceorientierten Verwaltung und Wirtschaftsförderung für die regionalen Ökonomien wurde in jüngster Zeit durch empirische, breit unterlegte Studien herausgearbeitet. Während in der Vergangenheit oftmals sogenannte harte Standortfaktoren wie Verkehrsanbindungen, Energieversorgung, regionale Arbeitskräfteversorgung, Telefonleitungen und Steuersätze im Mittelpunkt der wissenschaftlichen Diskussion standen, gilt nunmehr die Aufmerksamkeit verstärkt dem jeweiligen unternehmensrelevanten Tun der (kommunalen) Verwaltungen sowie dem Engagement (kommunaler) Wirtschaftsförderungseinrichtungen.

1.1 Problemhintergrund und Aktualität

Konkret stellt sich die Frage, ob und falls ja, wie die Verwaltungen und Wirtschaftsförderungseinrichtungen die jeweiligen Unternehmen vor Ort unterstützen und mit ihrem Wirken zu einem Standortfaktor werden.

Ebenso gilt es darzustellen, was in diesem Zusammenhang unter einer Serviceorientierung von Verwaltungen und Wirtschaftsförderungseinrichtungen zu verstehen ist und welche Faktoren deren Existenz begünstigen oder gar behindern.

Da die tägliche Arbeit der kommunalen Wirtschaftsförderungseinrichtungen in enger Kooperation und Interaktion mit zahlreichen Vertretern der Verwaltungen abläuft, erscheint es zudem von beträchtlicher Wichtigkeit, die Beziehungen dieser beiden Organisationen einer kritischen Analyse und Einordnung zu unterziehen und die (rationalen) Interessenslagen der sie tragenden Akteure zu verdeutlichen.

Wo liegen die Gemeinsamkeiten dieser beiden Organisationen und wo liegt das Trennende?

1.2 Ziele des Moduls und Ausrichtung

Obgleich Kommunen in der Bundesrepublik Deutschland, beispielsweise in ihrem jeweiligen Verhältnis zur Landes- und Bundesebene, über gemeinsame Interessen verfügen, stehen sie auch in einer Konkurrenz zueinander. Zu denken wäre etwa an die vom Bund bzw. den Bundesländern ausgehenden Finanztransaktionen an die Kommunen, den Erhalt von Infrastruktur oder aber die interkommunale Konkurrenz um die Ansiedlung von externen Unternehmen.

Die in der Bundesrepublik Deutschland bereits jetzt bestehenden regionalen und kommunalen Disparitäten werden sich in den nächsten Jahrzehnten voraussichtlich noch weiter ausbreiten. Während einige Städte, beispielsweise aus dem süddeutschen und südwestdeutschen Raum wie München, Stuttgart, Heidelberg und Freiburg, sich aus einer Situation der Stärke heraus um externe Investoren und die Entwicklung ihrer endogenen Potenziale bemühen und dabei auf beträchtliche finanzielle, organisatorische und infrastrukturelle Ressourcen zurückgreifen können, ist das wirtschaftliche Handeln vieler anderer bundesdeutscher Kommunen geprägt durch eine Situation beträchtlicher Verschuldung, schrumpfender Bevölkerung und damit einhergehend geringerer Handlungs- und Gestaltungsspielräume.

Insbesondere die kommunalen Wirtschaftsförderungseinrichtungen dieser sich oftmals in einer finanziellen Schieflage befindlichen Städte und Regionen stehen vor erheblichen Herausforderungen. Da sich die finanzielle Situation in den nächsten Jahren für viele betroffene Kommunen nicht nachhaltig verbessern dürfte, erscheint es angebracht, nach Strategien Ausschau zu halten, die sich ohne zusätzlichen finanziellen Aufwand umsetzen lassen.

Eine mögliche Strategie besteht in einer umfassenden Kunden- und Serviceorientierung. Dabei sollten sich die Wirtschaftsförderungseinrichtungen als Dienstleister und „Kümmerer" verstehen, mit deren Hilfe Neues angestoßen und bereits Begonnenes zu einem für die Unternehmen befriedigendem Ergebnis geführt wird.

Der Wert der Arbeit der jeweiligen Wirtschaftsförderungseinrichtungen soll sich dabei an dem Nutzen bemessen, der für die Unternehmen in der Region geschaffen wird. Gelingt es durch aktives Tun die Wettbewerbsfähigkeit der Unternehmen zu erhöhen, ist dies ein Indiz für eine zumindest zufriedenstellende Arbeit der kommunalen Wirtschaftsförderungseinrichtungen. Was sich in der Theorie recht einfach anhört, ist in der praktischen Umsetzung mit beachtlichen Herausforderungen verbunden.

Der im Rahmen Ihres Studiums ausführlich behandelte Ansatz einer Steuerung von Wirtschaftsförderungseinrichtungen mittels Kennzahlen erscheint hier am erfolgversprechendsten zu sein.

Das vorliegende Modul soll die Studierenden in die Lage versetzen, ein umfassendes Verständnis von der Wichtigkeit einer serviceorientierten Wirtschaftsförderung und Verwaltung zu erlangen. Neben einer Begriffsbestimmung von Serviceorientierung wird die spezifische Charakteristik von Verwaltung und Wirtschaftsförderung herausgearbeitet.

Die Studierenden sollen so ein grundlegendes Verständnis von den Gemeinsamkeiten und dem Trennenden zwischen Verwaltung und Wirtschaftsförderung erhalten. Ebenso gilt es, die Auswirkungen und die unterschiedlichen Organisationsformen von Wirtschaftsförderung wahrzunehmen und in die tägliche Arbeit einzubeziehen.

Auf dem Weg der Darstellung einer serviceorientierten Verwaltung und Wirtschaftsförderung sollen zunächst die diesbezüglichen Begriffe geklärt werden. Dazu wird in groben Zügen nachgezeichnet, wie sich aus einem veränderten Zusammenleben von Menschen, deren räumlichen Konzentrationen und einer sich immer weiter ausdifferenzierenden, arbeitsteiligen Gesellschaft im Laufe der Zeit große Verwaltungen mit einer Vielzahl von Mitarbeitern herausbildeten.

Zum besseren Verständnis von Verwaltungshandeln wird zudem auf die von Max Weber entwickelten Herrschaftsformen eingegangen und dabei insbesondere Bezug auf die legale Herrschaft genommen.

Somit gibt das Modul einen Überblick über die Bereiche Serviceorientierung in Verwaltung und Wirtschaftsförderung. Im Weiteren lernen die Studierenden die Relevanz der beruflichen Sozialisation für das spätere Handeln der Mitarbeiter von Verwaltungen und Wirtschaftsförderungseinrichtungen kennen. Ferner erfahren die Studierenden Näheres über die Stellung der Wirtschaftsförderung im Gesamtkontext der kommunalen Verwaltungen. Auf dem Weg zu einer serviceorientierten Wirtschaftsförderung erfolgt auch eine Darstellung von deren Zertifizierungspotenzialen. Zudem erhalten die Studierenden einen detaillierten Überblick über die Kooperationsformen und Kooperationsmöglichkeiten zwischen Verwaltung und Wirtschaftsförderung. Die Ausführungen enden mit einer Beschreibung interkommunaler Kooperation mit Bezug zur Wirtschaftsförderung. Am Beispiel der Region Kaiserslautern wird aufgezeigt, wie sich aus diesen Kooperationsbeziehungen heraus Wettbewerbsvorteile für die jeweilige Region generieren lassen.

1.3 Strukturierungen

Das Thema serviceorientierte Verwaltung und Wirtschaftsförderung wird anhand der vier Bausteine „Verwaltung", „Wirtschaftsförderung", „Serviceorientierung und Qualitätsmanagement von Verwaltung und Wirtschaftsförderung" sowie „Interkommunale Kooperationen auf den Gebieten Verwaltung und Wirtschaftsförderung" behandelt.

Jeder der vier genannten Bausteine beginnt mit an den jeweiligen Themen ausgerichteten Eingangsfragen, die zunächst gelesen und zum Gegenstand eigener Überlegungen gemacht werden. Anschließend sollten die Fragen entweder im Gesamtplenum oder aber in Kleingruppen diskutiert werden.

Ist dies nicht möglich, sollten die Antworten von den jeweiligen Leserinnen und Lesern (zumindest stichwortartig) schriftlich verfasst werden.

Zur Vor- und/oder Nachbereitung der Präsenzvorträge sollte das jeweilige Kapitel ausführlich gelesen werden. Unbekannte Begriffe sind zu unterstreichen und eigeninitiativ mittels Lexika oder sonstiger Quellen zu erarbeiten. Es empfiehlt sich eine Liste dieser Begrifflichkeiten anzulegen und regelmäßig zu wiederholen, bis die Begrifflichkeiten selbstständig beschrieben und erläutert werden können.

Nach der Beschäftigung der Kapitel mittels Skript und Präsentationsfolien sollten Sie sich den in Kap. 2 vorgestellten Kontroll- und Lernfragen zuwenden. Dabei erschien es nicht sinnvoll die Fragen unterteilt in verschiedene Kapitel anzuordnen, da oftmals eine inhaltliche Verknüpfung der Themen besteht. Vielmehr sollen die Fragen ohne eine Unterteilung in Kapitel im Gesamtzusammenhang betrachtet und beantwortet werden.

Nach Abschluss aller Kapitel sollten Sie die „Abschließenden Kontrollfragen" in Kap. 4 bearbeiten.

Darüber hinaus sollten Sie auf Basis Ihres individuellen Interesses nach weiteren, gerne auch in über das Literaturverzeichnis hinausreichendentexten recherchieren und sich eigeninitiativ damit beschäftigen.

Wir wünschen Ihnen viel Erfolg bei der Umsetzung und stehen Ihnen für Rückfragen, Anregungen und Kritik jederzeit gerne zur Verfügung.

1.4 Literatur- und Materialienüberblick

Die Notwendigkeit einer serviceorientierten Verwaltung arbeitete André Göbel in seiner 2013 publizierten Dissertation mit dem Titel „Kommunalverwaltung und Wirtschaftsförderung als Standortfaktor für Unternehmen" mustergültig heraus (Göbel 2013). Dabei werden insbesondere im Kap. 3 Handlungsempfehlungen für Politik und Verwaltung gegeben.

Weiterhin wird u. a. ausführlich Bezug auf das Werk von Max Weber (Weber 1921), einem „Klassiker" der sozialwissenschaftlichen Forschung, genommen, der sich auch intensiv mit Bürokratie beschäftigt hat.

Als grundlegende Literatur zum Thema Wirtschaftsförderung wird auf die von Dallmann und Richter verfasste Monografie mit dem Titel „Handbuch der Wirtschaftsförderung" (Dallmann und Richter 2012) verwiesen.

Literatur

Dallmann, B., & Richter, M. (2012). *Handbuch der Wirtschaftsförderung. Praxisleitfaden zur kommunalen und regionalen Standortentwicklung* (1. Aufl.). Freiburg im Breisgau: Haufe Lexware.

Göbel, A. (2013). *Kommunalverwaltung und Wirtschaftsförderung als Standortfaktor für Unternehmen*. Forschungsbeiträge zum Public Management, (Hrsg.) Fachbereich Verwaltungswissenschaften der Hochschule Harz. (Bd. 7). Berlin: Lit Verlag Dr. W. Hopf.

Weber, M. (1921). *Wirtschaft und Gesellschaft, Grundriß der verstehenden Soziologie*. Tübingen: Mohr.

Verwaltung und Wirtschaftsförderung 2

Zusammenfassung

Die Studierenden sollen ein grundsätzliches Verständnis der Zusammenhänge zwischen Verwaltung und Wirtschaftsförderungseinrichtungen erwerben. Gleichzeitig sollen sie auch die damit verbundenen Interaktionen und Kommunikationen zwischen deren zentralen Akteuren erkennen.

Weiterhin werden sie mit dem diesbezüglichen Methodenwissen und den Grundlagen eines erfolgreichen Qualitätsmanagements für Wirtschaftsförderung und Verwaltung vertraut gemacht.

Das Modul befähigt ebenfalls dazu, Modelle zur Optimierung der Interaktion zwischen Wirtschaftsförderung und Verwaltungseinheiten zu entwickeln. Dies geschieht vor dem Hintergrund steigender Anforderungen an die Standortqualitäten.

Besondere Bedeutung kommt einer Information und Sensibilisierung für Verwaltungshandeln als einem spezifischen Standortfaktor zu. Im Wettbewerb der Kommunen und Regionen trägt das spezifische Verwaltungshandeln entscheidend zum Erfolg oder aber Misserfolg der jeweiligen Ökonomien bei. Verwaltungen werden so zu Determinanten für die Zukunftsfähigkeit von Kommunen und Regionen.

Die Beschäftigung mit „serviceorientierten Verwaltungen und Wirtschaftsförderungen" führt recht bald zu Überlegungen, wann und wie sich Verwaltungen herausgebildet haben. Welcher gesellschaftliche Rahmen war notwendig für deren Entstehung, welche Formen des Zusammenlebens von Menschen haben die Herausbildung von Verwaltungen begünstigt und gar ermöglicht?

Max Weber verknüpfte die Themen „Macht und Herrschaft" sowie „Bürokratie" miteinander und entwickelte einen „Idealtypus" von Bürokratie. Es handelt sich aber bei Weber nicht um eine empirische Beschreibung „aller Bürokratieformen" sondern um ein „[…] analytisches Instrument, das auf generelle Merkmale hinweist, die gemeinhin in Bürokratien anzutreffen sind. Es sind die fünf folgenden Merkmale:

1) Spezialisierung [...]
2) Hierarchisch gegliederte Ordnung [...]
3) Regeln [...]
4) Unpersönlichkeit [...]
5) Leistungsbezogene Entlohnung [...]." Schimank (2001, S. 213f.)

Doch weshalb sollte sich in einem so beschriebenen Rahmen eine Serviceorientierung der Verwaltungsmitarbeiterinnen und Verwaltungsmitarbeitern herausbilden? Was könnten die Antriebskräfte und was die Widerstände in einem solchen Prozess sein?

Und was wäre in einem solchen Prozess die Rolle einer Wirtschaftsförderung?

Wichtig erscheint hier, jeweils auf die individuellen und organisatorischen Interessen der jeweiligen Akteure zu blicken. Ebenso erscheint deren Interaktions-, Kommunikations- und Kooperationsverhalten von grundlegender Bedeutung. Es gilt Strukturen zu erkennen und herauszuarbeiten.

2.1 Verwaltung

Einleitungsfragen
a. Welches Ziel verfolgen privatwirtschaftliche Unternehmen?
b. Welches Ziel verfolgt nach Ihrer Meinung die Verwaltung?
c. Wie schlägt sich das „Selbstverständnis einer Organisation" auf das Handeln ihrer Mitarbeiter/-innen nieder?
   – in der Verwaltung
   – in privatwirtschaftlichen Unternehmen
d. Wie erfolgt die „klassische" berufliche Sozialisation von
   – Verwaltungsmitarbeiterinnen und Mitarbeitern?
   – Mitarbeiter/-innen im Bereich der Privatwirtschaft?
e. Was sind die Medien der jeweiligen beruflichen Sozialisation?

Das von Werner Fuchs-Heinritz et al. herausgegebene „Lexikon zur Soziologie" definiert Verwaltung wie folgt:

▶ „Verwaltung, Administration, allgemeine Bezeichnung für die überwachende, disponierende Tätigkeit im Umgang mit Gütern, Tätigkeiten und Leistungen, die nach vorgefassten Regeln geplant und stetig abläuft. Insofern umschließt V. die V. privater Haushaltungen, kapitalistischer Betriebe und staatlicher Institutionen." Fuchs-Heinritz et al. (1994, S. 722).

Zum Verständnis dafür, wie sich Verwaltungen im Laufe der Zeit herausgebildet haben, ist ein Blick in die Geschichte instruktiv.

Nach Meinhard Miegel hat sich die Lebensweise der Menschen vor etwa 10.000 Jahren partiell erstmalig so verdichtet, dass die Menschen begannen, ihre Lebensweise neu auszurichten. Vgl. Miegel (2005, S. 13).

2.1 Verwaltung

Nachdem der Mensch zunächst als Jäger und Sammler versuchte sein Auskommen sicherzustellen, wurden im Zeitalter des Neolithikums die ersten Menschen sesshaft. Die Jäger und Sammler verwandelten sich in Bauern und Viehzüchter. Im Laufe der Zeit bildeten sich größere menschliche Ansiedlungen, die auch einer höheren Organisation und Arbeitsteilung bedurften.

Besondere Bekanntheit erlangten dabei die Städte Jericho (ca. 9000 v. Chr.), Ur (ca. 2500 v. Chr.) und Babylon (ca. 1800 v. Chr.).

Ein Teil der in diesen Städten lebenden Bewohner verlor nunmehr den permanenten Zwang einer unmittelbaren Nahrungsbeschaffung, da diese an andere Personen delegiert werden konnte. Zusätzliche Aufgaben und Funktionen entstanden, beispielsweise die Herrschaft über das Siedlungswesen, Verteidigung der Siedlung, Handwerk, Kultur und Technik.

Mit der Ausdifferenzierung dieser Gesellschaften ging eine Aufteilung in unterschiedliche Berufe einher.

„Durch die Zentralisierung des Staates, die hierarchisch gegliederte Gesellschaft mit scharf gegeneinander abgegrenzten Schichten (Herrscher, Priester, Krieger, Beamte, Handwerker, Händler, Bauern, Sklaven) und eine organisierte Verwaltung (deshalb Schrift zur Zählung und Buchführung) können die Aufgaben gelöst werden, vor die sich jede Hochkultur in den Flußoasen gestellt sieht: Organisation der Wirtschaft durch Arbeitsteilung in der Stadt (Versorgung der Menschen, Auferlegung von Fronden und Abgaben) und eine geplante Landwirtschaft in dem zur Stadt gehörigen Gebiet. Wichtigste Aufgabe sind aber die großangelegten Vorbereitungsarbeiten zum Zweck der Bewässerung und die Schutzarbeiten zur Lenkung der Überschwemmungen (Flutabwehr): Bau von Dämmen, Gräben und Kanälen sowie von Aquädukten und Staubecken für Trinkwasser. Alle Hochkulturen haben den Drang, ihre Territorien zu erweitern: aus Stadtstaaten werden Weltreiche." Kindler und Hilgemann (1992, S. 17).

Diese Städte, die bis dahin unbekannte Größen und Verdichtungen von Menschen hervorbrachten (Agglomerationen), bedurften einer völlig neuen und andersartigen Organisationsform. Die Herrscher wurden von einer Vielzahl von Verwaltungsmitarbeitern unterstützt. Durch die Herausbildung von Schriftformen wurde es möglich, Normen und Regeln eine größere Verbindlichkeit und Dauerhaftigkeit zu geben.

Von beträchtlicher Bedeutung für die europäische Geistes- und Staatsgeschichte sollte sich das römische Reich erweisen. Nachdem die im Jahre 753 vor Christus gegründete Stadt Rom ihre Gegner besiegt hatte, schwang sie sich spätestens nach dem dritten punischen Krieg im Jahr 146 vor Christus zur uneingeschränkten Herrscherin der damals bekannten Welt auf. Seine Durchsetzungsfähigkeit verdankte dieser Staat neben seinem überlegenen Heer auch seiner effizienten Verwaltung.

Ausführungen zur Arbeit dieser Verwaltung finden sich bereits bei dem Evangelisten Lukas, der über eine Volkszählung zu Zeiten von Kaiser Augustus berichtet.

„In jenen Tagen erließ Kaiser Augustus den Befehl, alle Bewohner des Reiches in Steuerlisten einzutragen." (Lukas 2,1). „Da ging jeder in seine Stadt, um sich eintragen zu lassen." (Lukas 2,3).

Aufbau und Entwicklung von Staaten und der ihnen immanenten Verwaltungen bedürfen beträchtlicher Finanztransfers seitens der Bevölkerung. So gesehen erscheint es als völlig rational, wenn sich der Staat einen exakten Überblick über die Bevölkerung und deren räumliche

Verteilung verschafft. Allerdings macht beispielsweise Graeber in seinem Werk „Schulden" darauf aufmerksam, dass es in der Antike zeitweise für die Bürger keineswegs obligatorisch war, direkte Steuern zu zahlen. Bezogen auf das römische Reich führt Graeber aus:

> „Die römischen Bürger zahlten für sehr lange Zeit keine Steuern und hatten sogar Anrecht auf einen Anteil am Tribut, der von anderen erhoben wurde. Sie bekamen ihren Anteil als Getreidezuteilung – das >>Brot<< in der berühmten Formel >>Brot und Spiele<<." Graeber (2014, S. 83).

Wie von dem US-amerikanischen Historiker Paul Kennedy in seinem Werk „Aufstieg und Fall großer Mächte" herausgearbeitet wurde, tendieren Großreiche oftmals zu einer Überdehnung mit einhergehender Steigerung der Komplexität. Die jeweiligen Verwaltungen stehen dann vor Herausforderungen, denen sie nur schwer gewachsen sind.

Nach dem Untergang des römischen Reiches im Jahr 476 n. Chr. konnte sich in Europa keine vergleichbare Großmacht etablieren. Insbesondere dem von Karl dem Großen im Jahr 800 gegründeten Heiligen römischen Reich Deutscher Nation sollte es verwehrt bleiben, analog beispielsweise zu Frankreich oder England einen zentralistischen Nationalstaat herauszubilden.

Nachdem sich der deutsche Kaiser im Dreißigjährigen Krieg (1618–1648) nicht als die Zentralgewalt gegenüber den deutschen Fürsten durchsetzen konnte, war das Deutsche Reich geprägt durch eine Vielzahl kleiner Territorien. Da auch weder Protestanten noch Katholiken eine Vorherrschaft erzielten, blieb auch der im Augsburger Religionsfrieden von 1555 besiegelte Dualismus der Religionen weiterhin von Bestand.

Die sich an den Dreißigjährigen Krieg anschließende Epoche, der für die Herausbildung der modernen Verwaltung eine besondere Bedeutung zukommt, wird von Historikern als das Zeitalter des Absolutismus bezeichnet. Sie umfasst den Zeitraum von 1649 bis 1789.

Es handelt sich dabei um eine Regierungsform uneingeschränkter Herrschaft, in der der jeweilige Monarch die Gesetze erließ, die Steuerzahlungen vereinnahmte und über Krieg und Frieden entschied. Die Macht des Monarchen war diesem nach damaliger Auffassung direkt von Gott gegeben, weder Papst, Fürsten noch Volk hatten eine Mitspracheglichkeit. Der Absolutismus war somit eine Herrschaftsform ohne die Mitwirkung religiöser, ständischer oder demokratischer Institutionen.

Den philosophischen Unterbau für diese Regierungsform lieferte u. a. der Engländer Thomas Hobbes mit seinem Werk Leviathan. Hobbes selbst hatte als Zeitzeuge des Englischen Bürgerkrieges gesehen, welches Leid sich Menschen untereinander antun können. Mit seinem Ausspruch „der Mensch ist des Menschen Wolf" skizziert Hobbes dessen dunklen Seiten, um dann eine Lösung für das von ihm aufgeworfene Problem vorzulegen.

Die Lösung liegt darin, dass die Bewohner eines Landes auf ihr Naturrecht der Selbstjustiz verzichten und stattdessen das Gewaltmonopol an einen uneingeschränkten Herrscher delegieren. So können sie relative Sicherheit erhalten.

Unter dem französischen Sonnenkönig Ludwig XIV. hatte die Staatsform des Absolutismus ihren Zenit. Der Sonnenkönig wurde zum Vorbild vieler europäischer Herrscher, die ihm bei

2.1 Verwaltung

der Organisation ihrer Staaten, im höfischen Zeremoniell sowie der Architektur ihrer Schlösser nacheiferten.

Zu den Kennzeichen des Absolutismus gehören:

A) Verstaatlichungsprozess
B) Merkantilistisches Wirtschaftssystem
C) Aufbau eines vom Herrscher abhängigen Beamtenapparates

Der absolutistische Staat ging daran, die Steigerung der Effizienz des Staates durch zahlreiche Reformen zu bewerkstelligen. Zu den Reformgebieten gehörten u. a. die Wirtschaft, das Steuerwesen aber auch die Verwaltung.

Die Ausprägung des Absolutismus in Frankreich lässt sich u. a. wie folgt darstellen: „die Betonung des königlichen Gottesgnadentums, Zentralisierung der Macht in den Händen des Königs, Ausbau einer Verwaltung und eines stehenden Heeres, Einschränkung des Parlamentes bzw. seine Nichtberücksichtigung [...]". Pleticha (1996, S. 30).

Ein Staatswesen, das in die unterschiedlichsten Bereiche seiner Untertanen eindrang, bedurfte zu seiner Existenz und Fortentwicklung einer Vielzahl von Verwaltungsmitarbeitern. Ein Indikator für die Funktionsfähigkeit des Staates war somit die Quantität und Qualität der Arbeit der Staatsbediensteten.

„Spätestens seit Max Weber wird in der Literatur Verwaltung als spezieller Organisationstyp politischer Organisationen, als besonders effektiv und effizient herausgestellt." Die bureaukratisch-monokratische aktenmäßige Verwaltung ist nach allen Erfahrungen die an Präzision, Stetigkeit, Disziplin, Strafftheit und Verlässlichkeit, also: Berechenbarkeit für den Herren wie für die Interessenten, Intensität und Extensität der Leistung, formal universeller Anwendbarkeit auf alle Aufgaben, rein *technisch* zum Höchstmaß der Leistung vervollkommenbare, in all diesen Bedeutungen: formal *rationalste*, Form der Herrschaftsausübung" Weber (1972, S. 128; Hervorh. i.O.) nach Weber (1993, S. 2).

„Verwaltung bei Max Weber „Bürokratie" erscheint damit als in Organisation geschweißte Technik zur Transformation von Herrschaft innerhalb der unterschiedlichen staatlichen Organisationen und zur Realisierung von Effekten in der Umwelt. Verwaltung als „Instrument" für jedweden Herrscher, für jedweden Zweck – man ist fast geneigt hinzuzufügen: zu jedwedem Zeitpunkt und in jedwedem gesellschaftlichen Kontext. Die Verwaltung, so würde man inzwischen sagen, weist damit die Eigenschaft einer Trivialmaschine auf – d. h. einer engen Koppelung von input und output." Weber (1993, S. 2).

Die von Max Weber vorgenommene Klassifizierung von Herrschaft erwies sich in der Folgezeit als besonders wirkungsmächtig. In seinem Buch „Wirtschaft und Gesellschaft" unterscheidet Weber zwischen der

A) legalen Herrschaft
B) traditionellen Herrschaft und
C) charismatischen Herrschaft

Webers Herrschaftsverständnis weist enge Bezüge zu seiner Definition von Macht auf, die im Folgenden wiedergegeben werden soll.

„Macht bedeutet jede Chance, innerhalb einer sozialen Beziehung den eigenen Willen auch gegen Widerstreben durchzusetzen, gleichviel worauf diese Chance beruht.

Herrschaft soll heißen die Chance, für einen Befehl bestimmten Inhalts bei angebbaren Personen Gehorsam zu finden [...]." Weber (1921, S. 28).

„Der Tatbestand einer Herrschaft ist nur an das aktuelle Vorhandensein eines erfolgreich anderen Befehlenden, aber weder unbedingt an die Existenz eines Verwaltungsstabes noch eines Verbandes geknüpft; dagegen allerdings – wenigstens in allen normalen Fällen – an die eines von beiden." Weber (1921, S. 29).

Kleiner Exkurs: Leben und Werk von Max Weber
Max Weber wurde am 21.4.1864 geboren, und entstammte einer großbürgerlichen Familie. Obgleich er in den Rechtswissenschaften promovierte und sich in der Volkswirtschaftslehre habilitierte, gilt er als einer der bedeutendsten Soziologen der Welt. Zu seinen Hauptwerken gehören „Wirtschaft und Gesellschaft" und „Die protestantische Ethik und der Geist des Kapitalismus". Unter anderem beschäftigte sich Max Weber auch ausführlich mit Bürokratien. Max Weber verstarb 1920 infolge der sogenannten Spanischen Grippe. Noch immer zählt er zu den meistgelesenen Sozialwissenschaftlern.

Ihre Legitimation erlangt die Legale Herrschaft, die am reinsten in der bürokratischen Herrschaft verkörpert wird, durch „[...] den Glauben an die Verbindlichkeit von „Satzungen". Amann (1996, S. 218), (Weber 1921).

> „Bürokratie ist im reinen Typus ein System von miteinander verkoppelten „zweckrationalen Handlungen", in dem die berühmten Kriterien bürokratischer Verwaltung realisierbar sein sollen (hier werden nur die wichtigsten genannt):
> - ein kontinuierlicher regelgebundener Betrieb von Amtsgeschäften innerhalb einer Kompetenz; dazu kommen
> - das Prinzip der Amtshierarchie (Kontroll- und Aufsichtsinstanzen),
> - die „Regeln", nach denen zu verfahren ist,
> - die Aktenmäßigkeit der Verwaltung und die
> - herrschaftliche Struktur des Verwaltungsstabes: das Beamtentum." Amann (1996, S. 218) (Alfes und Gerz 2004). [Anmerkung: das Zitat stammt ursprünglich von Max Weber, wurde aber von Amman gekürzt und auf die zentralen Aspekte komprimiert.]

Der Legitimationsgrund der traditionellen Herrschaft liegt in dem Glauben an die „Heiligkeit altüberkommener („von jeher bestehender") Ordnungen und Herrengewalten." Weber (1921, S. 130).

Bei der charismatischen Herrschaft wird auf die Persönlichkeit des jeweiligen Herrschers abgestellt. „Die charismatische Herrschaft ist, als das Außeralltägliche, sowohl der rationalen, insbesondere der bureaukratischen, als der traditionalen, insbesondere der patriarchalen und patrimonialen oder ständischen, schroff entgegengesetzt." Weber (1921, S. 141).

Im Weiteren gilt es das Selbstverständnis der Mitarbeiterinnen und Mitarbeiter von Organisationen zu betrachten. Dabei erscheint es insbesondere von Interesse, inwieweit es

2.1 Verwaltung

dabei Unterschiede zwischen den Belegschaften von Verwaltungen und den Belegschaften von privatwirtschaftlichen Unternehmen gibt.

Instruktiv ist zunächst ein Blick auf das jeweilige Ziel einer Organisation. In einem kapitalistischen System verfolgen die privatwirtschaftlich organisierten Unternehmen in der Regel die Gewinnmaximierung, d. h. das Verhalten der Organisation ist darauf gerichtet, einen möglichst hohen Gewinn zu erzielen.

Verwaltungen und ihre Mitarbeiterinnen und Mitarbeiter verfolgen den in die jeweiligen Verwaltungen implementierten Zweck. So stellen die Mitarbeiterinnen und Mitarbeiter der Justiz (beispielsweise Staatsanwaltschaften und Gerichte) das Rechtswesen sicher, indem sie auf Basis der staatlichen Normierungen ihre Arbeit verrichten.

Auch den Mitarbeiterinnen und Mitarbeitern kommunaler Verwaltungen, beispielsweise des Bauamtes, des Gewerbeamtes, des Rechtsamtes oder des Sozialamtes obliegt kommunales Verwaltungshandeln auf Basis von Gesetzen und Verordnungen.

Das Ziel einer kommunalen Wirtschaftsförderung liegt zunächst in ihrem satzungsmäßigen Auftrag, also beispielsweise einer Unterstützung der kommunalen Wirtschaft, Schaffung von Arbeitsplätzen etc.

Nun ist also die Frage, wo sich die Mitarbeiterinnen und Mitarbeiter von Verwaltungen und Wirtschaftsförderungseinrichtungen hinsichtlich ihrer Serviceorientierung verorten lassen. Vorab ist zu sagen, dass das hier vorgelegte Beziehungspaar von Verwaltung und Wirtschaftsförderung eher unüblich ist. In der Regel vollzieht sich die Betrachtungsweise entweder aus einer verwaltungsorientierten oder aber privatwirtschaftlichen Perspektive.

Obgleich die Bereitschaft zu einer umfassenden Serviceorientierung jeweils innerhalb privatwirtschaftlicher Unternehmen und innerhalb von Verwaltungseinheiten keinesfalls einheitlich gestaltet ist, lassen sich zumindest aus der Sicht der Kunden gewisse Unterschiede ausmachen.

Privatwirtschaftlichen Unternehmen wird dabei eher eine Kundenorientierung unterstellt, wohingegen Verwaltungshandeln oftmals als an bürokratischen Abläufen ausgerichtet gilt und weniger den Kunden im Fokus haben.

Sollte es tatsächlich Unterschiede hinsichtlich der Serviceorientierung von privatwirtschaftlichen Unternehmen und Verwaltungen geben, so wäre zu fragen, wo die Gründe für diese Diskrepanz liegen könnten.

Zu denken wäre dabei beispielsweise an die Unterschiedlichkeit der Arbeitsverträge und insbesondere Unterschiede in der Arbeitsplatzsicherheit der Beschäftigten.

Weiterhin erscheint die berufliche Sozialisation von besonderem Interesse, da durch diese die Arbeitsweise der jeweiligen Organisationen auf ihre neuen Mitglieder übermittelt wird.

Abschließend sollte die Frage aufgeworfen werden, welche Beweggründe für ein serviceorientiertes Handeln der jeweiligen Belegschaften gegeben sein können. Konkret gefragt, weshalb könnte es für den einzelnen Mitarbeiter sinnvoll sein, beträchtliches Engagement und Zeit aufzuwenden und so seinen beruflich determinierten Interaktionspartnern einen zusätzlichen Nutzen und Mehrwert zu liefern.

Während die Belegschaften der Verwaltungen im Falle einer Verbeamtung unkündbar sind, haben angestellte Verwaltungsmitarbeiter erst nach einer Beschäftigungsdauer von mehr als 15

Jahren und einem Lebensalter von mindestens 40 Jahren eine vollständige Arbeitsplatzsicherheit. (Ausnahme: z. B. Verurteilung wegen Straftaten ab einer bestimmten Schwere).

Ein Arbeitsplatzwechsel ist für Verwaltungsmitarbeiter oft nur innerhalb „ihrer" Verwaltungseinheit möglich, die berufliche Existenz ist zumeist stark am jeweiligen Arbeitsplatz ausgerichtet.

Völlig anders verhält sich die Situation in den privatwirtschaftlichen Bereichen. Entsprechend einer gesetzlichen, tariflichen oder einzelvertraglichen Kündigungsfrist sind die Arbeitsverhältnisse im Vergleich zum Verwaltungsbereich meist recht kurzfristig kündbar. Eine relative Arbeitsplatzsicherheit können die Mitarbeiterinnen und Mitarbeiter zuweilen dadurch erhalten, dass sie Spezialwissen erlangen und sich damit in dem jeweiligen Unternehmen möglichst unersetzbar machen. Geht das Unternehmen als Ganzes in die Insolvenz, werden solche Beschäftigungssicherungsstrategien aber schnell an ihre Grenzen stoßen.

Ebenso wird von Mitarbeiterinnen und Mitarbeitern in der freien Wirtschaft der sogenannten Employability, also der Beschäftigungsfähigkeit eine hohe Bedeutung beigemessen. Dabei ist es völlig rational, durch die Teilnahme an weiteren Qualifizierungsmaßnahmen zur Verbesserung der individuellen Arbeitsplatzsicherheit beizutragen.

Die Diskrepanz der unterschiedlichen Arbeitsplatzsicherheit dürfte in Wirtschaftsrezessionen mit einhergehenden Arbeitsplatzverlusten ihre größte Wirkung entfalten. Umgekehrt relativiert sich in sogenannten Boomphasen die Arbeitsplatzsicherheit von Beamten und langjährigen Angestellten, da in solchen Phasen der Verlust eines Arbeitsplatzes auch in der freien Wirtschaft leichter durch die Aufnahme eines neuen Arbeitsverhältnisses kompensiert werden kann.

Neben der beschriebenen Arbeitsplatzsicherheit hat die (berufliche) Sozialisation beträchtlichen Einfluss auf das Verhalten von Mitarbeiterinnen und Mitarbeitern.

Unter Sozialisation versteht man die Eingliederung eines Individuums in die Gesellschaft. Gesellschaft ist das jeweils umfassendste System menschlichen Zusammenlebens.

Neben der „allgemeinen Sozialisation" gibt es auch die berufliche Sozialisation, unter der man die Eingliederung eines Individuums in einen bestimmten Beruf bzw. in ein bestimmtes berufliches Umfeld versteht. Oftmals vollzieht sich der berufliche Lernprozess durch Interaktion. Das heißt, ein Berufseinsteiger orientiert sich zunächst an dem Verhalten seiner routinierten und erfahrenen Vorgesetzten und Kollegen. Zudem ist berufsrelevantes Wissen oftmals nicht in Papierform vorhanden, sodass ohnehin die (zumindest teilweise) Imitation des Verhaltens der Vorgesetzten und Kollegen zur Integration des Individuums in Beruf und Organisation führt.

So lässt sich für den Einsteiger in die Versicherungsbranche sicherlich vieles in Form von Handlungsanleitungen, Trainingskonzepten und sonstigen Dokumenten bereitstellen. Der direkte Umgang mit dem Kunden und die auf einen Vertragsabschluss abstellende Interaktion mit diesem Kunden lassen sich jedoch nur schwer ohne eine direkte persönliche Teilnahme an einem Verkaufsgespräch lernen.

Oftmals wird das diesbezügliche, berufsspezifische Wissen in Form einer Tandemlösung vermittelt. Der Berufseinsteiger ist zunächst lediglich passiver Beobachter. Bei einem späteren Gespräch übernimmt er dann den aktiven Part, während der erfahrene Mitarbeiter die

2.1 Verwaltung

Beobachterfunktion übernimmt und dem Neuling im Anschluss an das Kundengespräch einen Spiegel vorhält und ihm berufsrelevante Ratschläge erteilt.

Auch Neulinge im Bereich der Verwaltungen sind gut beraten, sich zunächst an dem Verhalten der etablierten Mitarbeiterinnen und Mitarbeiter zu orientieren. Das Fortkommen im beruflichen Kontext erfolgt regelmäßig unter Beachtung der organisationsinternen Konventionen, der vom Dienstherrn geforderten Leistungen und den dem Dienst einen Rahmen gebenden Regeln wie Zuverlässigkeit, Pünktlichkeit und Termintreue, sowie der jeweils relevanten Dresscodes.

▶ In der Organisationssoziologie wird der Begriff der Organisation relativ weit verwendet. Danach versteht man unter einer Organisation „ [...] die Ordnung von arbeitsteilig und zielgerichtet miteinander arbeitenden Personen und Gruppen. O. umfasst insofern nicht nur Verbände und Vereinigungen, sondern alle Institutionen, Gruppen und sozialen Gebilde, die bewusst auf ein Ziel hinarbeiten, dabei geplant arbeitsteilig gegliedert sind und ihre Aktivität auf Dauer eingerichtet haben." Fuchs-Heinritz et al. (1994, S. 478).

Insbesondere die auf Dauer angelegten Aktivitäten, wie sie typisch für Organisationen sind, sind auch unabdingbar für das Verständnis von Verwaltungen. Ist eine Verwaltung erst einmal geschaffen und mit einem bestimmten Aufgabengebiet versehen, so wird sie alles daransetzen, den aktuellen Status hinsichtlich Personal, Ressourcen, Kompetenzen und Funktionen aufrechtzuerhalten oder zu erweitern.

Obgleich der Verwaltung das Ziel der Gewinnmaximierung und der Kampf um einen möglichst hohen Ausstoß von Produkten und (oder) Dienstleistungen fehlt, trägt sie doch in sich die Handlungsanweisungen für ihr gegenwärtiges und zukünftiges Tun.

Einen interessanten Ansatz zum Verständnis auch von Verwaltungen lieferte der Soziologe Niklas Luhmann. In seiner Systemtheorie kann ein autonomes soziales System (beispielsweise auch eine Verwaltung) ihr Verhalten selbst bestimmen. Dazu muss dieses System aber „[...] über Kapazitäten zur Selbststeuerung durch eigene Entscheidungen gegenüber der Umwelt verfügen." Fuchs-Heinritz et al. (1994, S. 662).

Während privatwirtschaftliche Unternehmen durch die Konkurrenzsituation und die Möglichkeit ihres Untergangs (beispielsweise durch Insolvenz) einen starken Druck verspüren, funktionsfähige Geschäftsmodelle aufrechtzuerhalten mittels derer sich die zum Erhalt des Unternehmens notwendigen Finanzmittel generieren lassen, weist das Verwaltungshandeln in der Regel keine so drastischen Kräfte des Wandels auf.

Obgleich selbstverständlich zahlreiche Verwaltungsreformen auf Änderungen der jeweiligen Verwaltungen abstellten, sind die Folgen der Nichteinhaltung in der Regel weniger dramatisch als in der freien Wirtschaft. Die von den Ökonomen Schumpeter postulierte kreative Zerstörung von Wirtschaftsunternehmen, ein Jungbrunnen vieler kapitalistischer Systeme, ist den Verwaltungen in dieser Form nicht immanent.

Das in langlebigen Organisationen, beispielsweise in Verwaltungen, vorherrschende Verhalten der Mitarbeiterinnen und Mitarbeiter kann jeweils von einer Generation auf die nächste übertragen werden und so ein jeweils ähnliches Prozedere aufrechterhalten.

Da die durchschnittliche Betriebszugehörigkeit in den bundesdeutschen privatwirtschaftlichen Unternehmen während der vergangenen Jahrzehnte deutlich zurückgegangen ist und auch die sogenannten Normalarbeitsverhältnisse (Vollzeit und unbefristet) zunehmend an Bedeutung verlieren, sind immer mehr Mitarbeiterinnen und Mitarbeiter von privatwirtschaftlichen Unternehmen vor die Notwendigkeit gestellt, flexibel zu handeln. Recht anschaulich wird dieses Phänomen von dem US-amerikanischen Soziologen Richard Sennett in dessen Werk „Der flexible Mensch" beschrieben.

Abschließend gilt es den Zusammenhang von Verwaltung und Bürokratien herauszuarbeiten. Folgt man dem Lexikon zur Soziologie so ist Bürokratie ein „Begriff für eine (staatliche oder nichtstaatliche) Verwaltung, die durch klare Befehlsgliederung von oben nach unten, Entscheidungen nach Gesetz und Vorschrift (Unpersönlichkeit), fest angestellte Funktionsträger, die fachlich ausgebildet sind und Laufbahnen folgen, Geplantheit und Genauigkeit die Handlungen und ihre Routiniertheit, Schriftlichkeit und Überprüfbarkeit der „Vorgänge" (Aktenführung) gekennzeichnet ist." Fuchs-Heinritz et al. (1994, S. 112).

Bürokratismus bezeichnet hingegen unter anderem „langsame und undurchsichtige Entscheidungsprozesse in Verwaltungen." Fuchs-Heinritz et al. (1994, S. 113).

Das zweckrationale Handeln von Verwaltungen weist eine Vielzahl von spezifischen Vorteilen und Nachteilen auf. Zu den Vorteilen gehört, dass es sich dabei um ein Instrument rationaler Herrschaftsausübung handelt, das eine Gleichbehandlung der Bürgerinnen und Bürger garantieren soll. Durch die bereits im Vorfeld bestehenden umfassenden Normierungen soll eine Regelsicherheit aufgebaut werden, innerhalb derer sich Stabilität und Kontinuität entfalten können. Da sich die Entscheidungen der Verwaltungsakteure lediglich im Rahmen von deren Kompetenzen bewegen, sollen Fehler vermieden werden.

Doch wo Licht ist, ist oftmals auch Schatten, so auch im Bereich der Bürokratien. Zu den Nachteilen der Bürokratie gehören ein Übermaß an Regelungen und Kontrollen, Desinteresse am Arbeitserfolg sowie eine zuweilen überflüssige Stellen- und Mitarbeitervermehrung und ein teilweise ausgeprägtes Beharrungsvermögen.

In Anlehnung an Seibel entwickelt Göbel eine Übersicht der Funktion und Dysfunktion bürokratischer Organisationen (vgl. Tab. 2.1). Dabei zeigt sich, dass beispielsweise die mit der Arbeitsteilung verbundene Spezialisierung für die Unternehmen eine Zuständigkeitsgarantie mit sich bringt. Eine sehr ausdifferenzierte Verwaltung kann aber auch aus Sicht der Unternehmen dazu führen, dass man sich in das im Schaubild beschriebene Zuständigkeitslabyrinth begibt.

Vor dem Hintergrund einer gewünschten serviceorientierten Verwaltung ist es von entscheidender Bedeutung, inwieweit der Einfluss der hier skizzierten hemmenden Faktoren auf die Verwaltungen zukünftig minimiert oder aber ganz ausgeschaltet werden kann.

Nur wenn es gelingt, zumindest die zentralen Akteure der jeweiligen kommunalen Verwaltungen für die Belange und Sichtweisen der sie umgebenden Unternehmen zu sensibilisieren, kann daraus eine Kultur der Serviceorientierung entstehen.

Es gilt, schon im Rahmen der beruflichen Sozialisation junge Verwaltungsmitarbeiterinnen und Verwaltungsmitarbeiter auch mit der Sichtweise, den Rahmenbedingungen und Zwängen der Unternehmen bekannt zu machen.

Tab. 2.1 Funktion und Dysfunktion bürokratischer Organisation. Göbel (2013, S. 66 http://repositorium.uniosnabrueck.de/bitstream/urn:nbn:de:gbv:700-2012122110614/1/thesis_goebel.pdf)

Organisationsmerkmale	Funktion Für den Staat	Für Unternehmen	Dysfunktion Für den Staat	Für Unternehmen
Arbeitsteilung	Spezialisierung, Kompetenzgarantie	Zuständigkeitsgarantie	selektive Perzeption/ Negativkoordination	Zuständigkeitslabyrinth
Regelbindung	Steuerungsentlastung	Berechenbarkeit	Kontrollüberlastung	Verrechtlichung der unternehmerischen Freiheit, Verfahrenskomplexität
Hierarchie	Steuerung und Kontrolle	Verantwortlichkeit	Motivationsverlust, Konfliktverdichtung	Einschränkung dezentraler Flexibilität
Professionalität	Fachkompetenz	Fachkompetenz	Betriebsblindheit	„Expertokratie"

Die Mitarbeiterinnen und Mitarbeiter von Verwaltungen sollten die Gelegenheit zu einer direkten Kommunikation mit Unternehmensvertretern erhalten und deren Denk- und Verhaltensweisen kennen lernen.

Überdies wäre es sehr wichtig, die Auswirkungen der regionalen Ökonomie auf die konkrete Lebenssituation der Verwaltungsmitarbeiterinnen und -mitarbeiter zu analysieren und zum Gegenstand einer verwaltungsinternen Diskussion zu machen. Es genügt eben nicht, wenn die Belegschaften der Verwaltungen sich außerhalb der Krise der regionalen Ökonomie sehen und bereits in jungen Jahren mental „ihre Schäfchen im Trockenen" zu haben glauben. Auch die Belegschaften von Verwaltungen sollten ein vitales Interesse daran haben, dass die sie umgebenden regionalen Ökonomien nicht austrocknen und ein breites Unternehmenssterben einsetzt, was beispielsweise auch Auswirkungen auf den lokalen Immobilienmarkt und damit auch den Wert der Eigenheime vieler Verwaltungsmitarbeiter hätte. Darüber hinaus hat die ökonomische Situation einer Kommune auch Auswirkungen auf die konkrete Lebensqualität der in einer Region lebenden Menschen.

Sie determiniert auf lokalem Raum die Möglichkeiten an einer gesellschaftlichen Teilhabe, beispielsweise mittels Konsum, Besuch von Kunst und Kultur, medizinischem Angebot, Sport, Kriminalität, und Arbeitslosenquoten etc.

Den Verwaltungsmitarbeiterinnen und Mitarbeitern müssen die mannigfaltigen Zielkonflikte beispielsweise zwischen Wirtschaft und Umweltschutz oder Wirtschaft und Kultur (Beispiel Denkmalpflege) immer wieder vor Augen geführt werden. Dabei sollte man sich vor Ideologien aller Art fernhalten und jeweils auf eine Verhältnismäßigkeit und Ausgewogenheit der Positionen hinweisen.

Will man die Mitarbeiterinnen und Mitarbeiter von Verwaltungen auf eine Modernisierungsreise nehmen, so ist es wichtig ihnen zu verdeutlichen, dass sich die regionalen Ökonomien in der Bundesrepublik Deutschland in einer intensiven Wettbewerbssituation befinden. In einem immer transparenter werdenden Markt werden potenziellen Investoren eine Vielzahl von Standorten angeboten, unter denen sie auswählen können. Entfernungen schrumpfen zusammen, viele Städte sind lediglich einen Mausklick voneinander entfernt. Nur wenn es gelingt, zukünftige Verwaltungen von der Wichtigkeit der regionalen Ökonomien zu überzeugen und eine klare Beziehung zwischen dem Verhalten der Verwaltungsmitarbeiter und dem Erfolg oder aber Misserfolg regionaler Ökonomien aufzeigt, kann es gelingen, auf dem Feld der serviceorientierten Verwaltungen zusätzliche Wettbewerbsvorteile für eine Region zu generieren.

Nachdem der Rahmen für die Mitarbeiterinnen und Mitarbeiter von Verwaltungen und privatwirtschaftlichen Unternehmen abgesteckt wurde, soll nunmehr ein Vergleich der folgenden drei Organisationen erfolgen:

A) Verwaltungen
B) (kommunale) Wirtschaftsförderungseinrichtungen
C) privatwirtschaftliche Unternehmen

Dabei soll auf die jeweilige Arbeitsplatzsicherheit, die Gestaltungsmöglichkeiten am Arbeitsplatz und auf die jeweiligen Verdienstmöglichkeiten abgestellt werden.

Wie bereits ausgeführt, haben die Belegschaften der Verwaltungen meist eine hohe Arbeitsplatzsicherheit. Hingegen sind ihre Gestaltungsmöglichkeiten am Arbeitsplatz in der Regel begrenzt, da eine Vielzahl von Normierungen und Handlungsanweisungen bestehen. Die tagtägliche Arbeit vollzieht sich im Rahmen dieser Normierungen. Auch das jeweilige Entgelt der Verwaltungsmitarbeiter weist eine klare Zuweisung auf.

Die privatwirtschaftlichen Unternehmen verfügen hinsichtlich ihrer Arbeitsplatzsicherheit über eine beträchtliche Varianz. Verglichen mit den Verwaltungsarbeitsplätzen ist die Arbeitsplatzsicherheit in der freien Wirtschaft jedoch deutlich geringer. Ein ebenso hoher Spielraum findet sich hier für die Gestaltungsmöglichkeiten am Arbeitsplatz. Je nach Branche, Unternehmensform, Unternehmensgröße, Charakter des (oder der) Vorgesetzten und der Unternehmenskultur sind beträchtliche Varianten vorstellbar.

Da die Belegschaften kommunaler Wirtschaftsförderungseinrichtungen oftmals heterogen zusammengesetzt sind und beispielsweise aus Beamten, Angestellten und sonstigen Mitarbeitern bestehen, gibt es auch beträchtliche Unterschiede bezüglich der individuellen Arbeitsplatzsicherheit. Ebenso hat die Organisationsstruktur der jeweiligen kommunalen Wirtschaftsförderung Auswirkungen auf die jeweiligen Arbeitsplätze. Handelt es sich um ein Amt für Wirtschaftsförderung, so sind die Arbeitsplätze mit denen anderer kommunaler Ämter vergleichbar. Bei der oftmals gewählten GmbH als Organisationsform für kommunale Wirtschaftsförderungseinrichtungen haben die Geschäftsführer sowie die Mitarbeiterinnen und Mitarbeiter strukturell höhere Freiheitsgrade, jedoch auch geringere Arbeitsplatzsicherheiten. Da es sich bei der Aufgabe der kommunalen Wirtschaftsförderung um eine sogenannte freiwillige Leistung handelt, erfährt sie gerade in Zeiten des Drucks zu Kosteneinsparungen seitens der politischen Entscheidungsträger eine hohe Aufmerksamkeit.

Zwar ist bislang keine bundesdeutsche Kommune bekannt, die aus Kostengründen das Feld der kommunalen Wirtschaftsförderung vollständig geräumt hat, doch kann dies keine Garantie dafür sein, dass sich zukünftig hoch verschuldete Kommunen nicht veranlasst sehen, auf eine kommunale Wirtschaftsförderung zu verzichten. Rein rechtlich obliegt es den Gesellschaftern einer GmbH, diese Gesellschaft fortzuführen oder eben zu liquidieren.

2.2 Wirtschaftsförderung

Eingangsfragen

a. Wo steht die kommunale Wirtschaftsförderung im Gesamtkontext der kommunalen Verwaltung?
b. Welche Strukturformen kommunaler Wirtschaftsförderung sind Ihnen bekannt?
c. Inwieweit beeinflussen heute die Organisationsformen einer kommunalen Wirtschaftsförderungseinrichtung die Arbeitsweise ihrer Mitarbeiterinnen und Mitarbeiter?
d. Sehen Sie eine sinnvolle Verbindung von Wirtschaftsförderungen und bürgerschaftlichem Engagement?
e. Ließe sich das sogenannte endogene Potenzial einer Region durch den Einsatz von ehrenamtlichem Engagement aktivieren?

f. Welche Qualitätsmanagements- und Zertifizierungssysteme sind Ihnen bekannt?
g. Inwieweit könnten sich diese Systeme als nützlich für die tägliche Arbeit der Mitarbeiterinnen und Mitarbeiter kommunaler Wirtschaftsförderungseinrichtungen erweisen?

Nachdem die Wirtschaftsförderung bereits Hauptgegenstand eines weiteren Lehrmoduls ist, sollen nunmehr lediglich deren Aufgaben kurz behandelt werden, um anschließend die Stellung der kommunalen Wirtschaftsförderung im Gesamtkontext kommunaler Verwaltung zu beleuchten.

Darauf folgend gilt es die Potenziale zu ergründen, welche den Wirtschaftsförderungseinrichtungen durch die konsequente Nutzung eines Qualitätsmanagements- und Zertifizierungssystems grundsätzlich offenstehen.

▶ „Als WiFö werden verschiedene Maßnahmen des Staates zur Begünstigung bestimmter wirtschaftlicher Tatbestände oder Verhaltensweisen bezeichnet. Konkret bezeichnet man als WiFö die Summe aller staatlichen Maßnahmen, die unmittelbar für betriebliche Investitions- und Standortentscheidungen von Bedeutung sind." Steinrücken (2011, S. 11)

Zentrale Aufgaben von Wirtschaftsförderung (vgl DStGB 2008):
- Positionierung von Wirtschaftsstandorten (national und international)
- Förderung von Existenzgründungen
- Steigerung der Attraktivität der Stadt
- Vermittlung von Gewerbe- und Industrieflächen
- Standort- und Regionalmarketing
- Tourismusförderung
- Verbesserung der wirtschaftsnahen Infrastruktur
- Begleitung von Unternehmern und Investoren
- Schaffung von Rahmenbedingungen für mehr Wertschöpfung und Wettbewerbsfähigkeit
- Kooperationen zwischen Schule und Wirtschaft

Zunächst sollen die kommunalen Wirtschaftsförderungseinrichtungen gegenüber den anderen Ämtern die Belange der Unternehmen vertreten.

Dabei stellt sich dann schnell die Frage, wie in der vorgegebenen Konstellation die Positionierung der eigenen Wirtschaftsförderungseinrichtungen erfolgen kann.

Verstehen die Mitarbeiter diese Wirtschaftsförderungseinrichtungen als klassisches kommunales Amt, als Zwitter zwischen Amt und privatwirtschaftlichem Unternehmen, als privatwirtschaftliches Unternehmen oder als Organisationsform „einer ganz eigenen Art"?

Die Abb. 2.1 will die spezifische Situation der kommunalen Wirtschaftsförderung als Institution zwischen Verwaltung und privatwirtschaftlichen Unternehmen verdeutlichen. Demnach versteht sich die Wirtschaftsförderung hier als Bindeglied zwischen der Wirtschaft und der Verwaltung. Ihr obliegt eine Sandwichposition mit einer beinahe paradoxen Aufgabenstellung: unter der Organisationsstruktur, mindestens jedoch unter der Eigentümerschaft einer Verwaltung, soll sie die Interessen und Belange der Unternehmen vertreten, die zuweilen in direkter Opposition zur Verwaltung und deren Entscheidungen stehen.

2.2 Wirtschaftsförderung

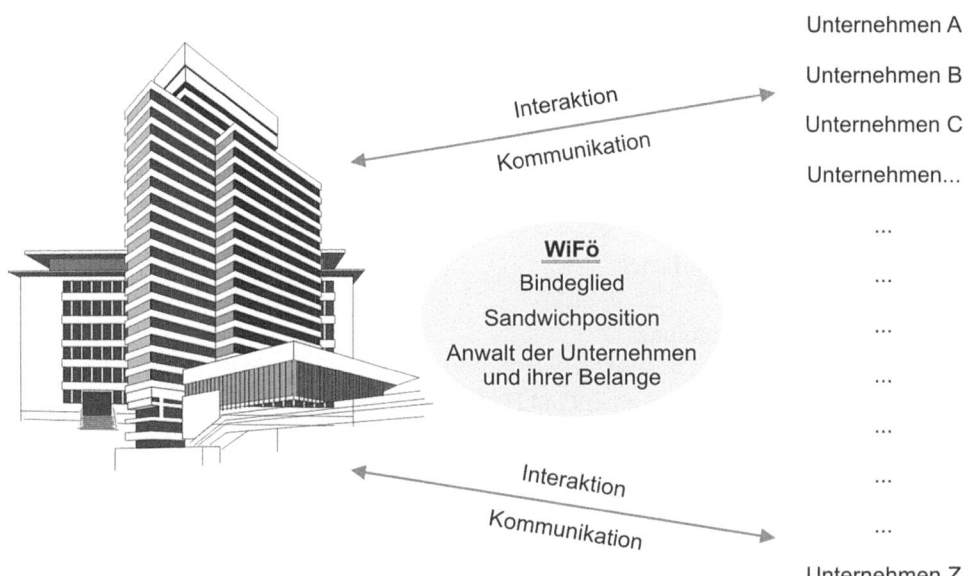

Abb. 2.1 Die Wirtschaftsförderung als Bindeglied (Eigene Darstellung 2013)

Bei ihrer täglichen Arbeit sind die Mitarbeiterinnen und Mitarbeiter der kommunalen Wirtschaftsförderungseinrichtungen oftmals direkt in die Interaktions- und Kommunikationszusammenhänge zwischen Verwaltung und Wirtschaft eingebunden.

Hinsichtlich der Organisation und Struktur kommunaler Wirtschaftsförderungseinrichtungen ist grundsätzlich zwischen einer direkten Integration in die Verwaltung und der Organisation als selbstständige Gesellschaft zu unterscheiden. Daneben gibt es auch vereinzelt Kombinationen dieser beiden Organisationsformen.

Ist die Wirtschaftsförderung als Amt organisiert und Teil einer (kommunalen) Verwaltung, so ist zunächst zwischen den folgenden Akteuren zu unterscheiden:

- Amtsleitung
- evtl. Stellvertreter
- Mitarbeiterinnen und Mitarbeiter
- Zuständiger Vertreter des Stadtvorstandes (beispielsweise Oberbürgermeister oder Beigeordneter)

Gesonderte Finanztransfers an Externe sind somit nicht notwendig, da die Wirtschaftsförderung in dieser Konstellation nicht den Status eines „Externen" aufweist.

Das Amt für Wirtschaftsförderung erhält eine Vielzahl von Unterstützungsleistungen durch die Kommune, beispielsweise durch das Haupt- und Organisationsamt, das Personalamt oder die EDV-Abteilung.

Als Teil der Verwaltung haben die Mitarbeiterinnen und Mitarbeiter des Amts für Wirtschaftsförderung auf Basis des TVöD oder aber des Beamtenrechts eine (relativ) hohe Arbeitsplatzsicherheit.

Durch die unmittelbare Einbindung in die Verwaltung ist der Grad an Autonomie aber eher gering.

Betrachten wir nun eine Wirtschaftsförderungseinrichtung exemplarisch in der Form einer GmbH.

Die dabei relevanten Akteure sind:

- Geschäftsführung
- Mitarbeiterin und Mitarbeiter
- Aufsichtsrat
- Gesellschafterversammlung

Obgleich der Aufsichtsrat bei einer GmbH nach dem GmbH-Gesetz fakultativ ist, bietet sich dieser doch für die Organisation einer kommunalen Wirtschaftsförderung an, da hier die unterschiedlichen politischen Entscheidungsträger in die Kontrolle und Steuerung der Gesellschaft eingreifen können.

Doch wie erfolgt nun die Anbindung an die Kommune? Die Kommune ist entweder alleiniger Gesellschafter oder mit anderen Akteuren zusammen Gesellschafter der GmbH. Ihre Rechte lassen sich aus dem GmbH-Gesetz ableiten. Die Satzung der GmbH erfolgt nach den Vorgaben und dem Beschluss des jeweiligen Stadtrates bzw. Kreistages.

Die GmbH erhält von der sie tragenden Kommune eine jährliche Unterstützung. Auf dieser Basis ist von der Geschäftsführung der GmbH in der Regel ein Wirtschaftsplan aufzusetzen, der nach Beschluss durch die Gesellschafterversammlung den finanziellen Rahmen der Gesellschaft vorgibt.

Teilweise sind auch eigene Geschäfte der GmbH, beispielsweise die Entwicklung und der Verkauf von Flächen möglich. Jedoch ist dies in der Satzung (= Gesellschaftervertrag) entsprechend vorzugeben.

Die Änderung der Satzung ist relativ aufwendig und gestaltet sich wie folgt:

1. Die Satzungsänderung wird zunächst im Aufsichtsrat beschlossen.
2. Danach kann die Satzungsänderung vom jeweiligen Stadtrat beschlossen werden.
3. Sind die beiden vorherigen Beschlüsse erfolgt, so findet eine notarielle Gesellschafterversammlung statt, die dann den Beschluss umsetzt.
4. Danach erfolgt die Veröffentlichung, beispielsweise im elektronischen Handelsregister.

Ebenso ist es in der Praxis zuweilen nicht ganz einfach, adäquate Berater für den Bereich der Satzungsänderungen zu erhalten. Man benötigt zum einen einen Fachmann für Gesellschaftsrecht (Ideal Fachanwalt für Gesellschaftsrecht) und zum anderen einen Spezialisten für den Bereich der Gemeindeordnung. Die Kombination dieser beiden Spezialisierungen ist eher unüblich, doch in der vorgenannten Konstellation von großem Vorteil.

Die Arbeitsverträge bei den eigenständigen Wirtschaftsförderungsgesellschaften erfolgen oftmals auf Basis des TVÖD. Nicht zuletzt deshalb, da die Gesellschaft jederzeit durch Beschluss der/des Gesellschafter/-s aufgelöst werden kann, was den Verlust der

2.2 Wirtschaftsförderung

Arbeitsplätze zur Folge hat. Diese Organisationsform verfügt für ihre Belegschaften über eine geringere Arbeitsplatzsicherheit als die alternative „Amts-Organisationsform". Auf Basis der GmbH Struktur bietet sie aber eine tendenziell höhere Autonomie als ihr als Amt organisiertes Pendant.

Gleichgültig ob die Wirtschaftsförderung als Amt oder als eigenständige Kapitalgesellschaft organisiert wird, besteht die Nähe der Wirtschaftsförderung zu den anderen Ämtern. So gibt es Ämter, die einen starken Bezug zur Wirtschaftsförderung aufweisen und deren Mitarbeiterinnen und Mitarbeiter oftmals in Kontakt zur kommunalen Wirtschaftsförderung stehen. Dabei handelt es sich u. a. um das Gewerbeamt, das Bauamt, das Amt für Stadtentwicklung und das Tiefbauamt.

Von mittlerer Wichtigkeit für den Bereich der Wirtschaftsförderung sind das Kulturamt und der Tourismusbereich. Geringe bzw. keine Bedeutung haben beispielsweise das Sozialamt, das Standesamt sowie das Schulamt und das Amt für Friedhofswesen.

Neben den kommunalen Ämtern stehen die Wirtschaftsförderer in einem vielfältigen Austausch mit anderen Vertreterinnen und Vertretern von Ämtern. Zu denken wäre dabei an den Landesbetrieb Mobilität oder aber an die Bundesanstalt für Immobilienaufgaben.

Die Aufgaben der Wirtschaftsförderungseinrichtungen sind in den vergangenen Jahren deutlich angewachsen. „Neben die „klassischen" Aufgaben wie die Gewerbeflächenbereitstellung, Bestandpflege und Standortmarketing treten zunehmend neue Aufgaben wie Clustermanagement, Arbeitsmarkt- und Beschäftigungspolitik, die Förderung spezieller Zielgruppen oder Maßnahmen einer präventiven Wirtschaftspolitik." Hollbach-Grömig und Floeting (2008, S. 3).

In Zeiten leerer Kassen in vielen Kommunen sind kreative Lösungen gefragt, mittels derer die Leistungen der kommunalen Wirtschaftsförderungseinrichtungen im Idealfall „gehebelt" und unter Ausnutzung des endogenen Potenzials einer Region zusätzliche Wettbewerbsvorteile verschafft werden können.

Vor einer Darstellung des von der WFK organisierten oder aber zumindest mitorganisierten bürgerschaftlichen Engagements in den Bereichen Wirtschaft und Arbeitsmarkt, gilt es zunächst den Stand des bürgerschaftlichen Engagements innerhalb der Bundesrepublik Deutschland darzustellen.

Traditionell gibt es wenige Schnittpunkte zwischen (kommunaler) Wirtschaftsförderung und dem Themenbereich Ehrenamt. Ebenso besteht seitens der bundesdeutschen Bevölkerung eine abnehmende Bereitschaft zu einer längerfristigen ehrenamtlichen Bindung. Feste Milieus wie beispielsweise das Arbeitermilieu oder aber das katholische geprägte Milieu verloren in den letzten Jahrzehnten deutlich an Prägekraft. Damit ging auch ein Teil der diesen Milieus immanenten Bereitschaft zu ehrenamtlicher Arbeit verloren.

Trotz dieser gesellschaftlichen Veränderungen gewinnt das Ehrenamt als Ganzes zunehmend an Bedeutung, und es wird auch verstärkt öffentlich wahrgenommen. Viele Menschen suchen auch außerhalb von „Job oder Rente" nach einer sinnvollen Beschäftigung. Zudem kann sich die ehrenamtliche Beschäftigung positiv auf den „Marktwert" ihrer Träger auswirken. Durch ehrenamtliches Engagement kann zusätzliches Wissen und Engagement in einer Region gebunden werden.

Die in der Bevölkerung einer Region vorhandenen wirtschafts- und arbeitsmarktnahen Kenntnisse bilden einen Schatz, der unabhängig von der finanziellen Situation einer Kommune oder Region grundsätzlich gehoben werden kann. Es ist das in der wirtschaftswissenschaftlichen Literatur häufig genannte endogene Kapital, das aber nur zu oft in einen „Schlummerzustand" gefallen ist und darauf wartet, aktiviert zu werden.

Die Rolle des diesbezüglichen „Aktivierers" ist den kommunalen Wirtschaftsförderungseinrichtungen eigentlich „auf den Leib geschnitten". Diese machen jedoch in der Praxis zu wenig Gebrauch von diesem Potenzial.

Woran könnte das liegen?

Im Fokus einer kommunalen Wirtschaftsförderung liegen primär Unternehmen. Es gilt den regionalen Unternehmensbestand zu pflegen oder aber zusätzliche Unternehmen von außen in der jeweiligen Region anzusiedeln.

Neben Gesprächen mit den Unternehmen pflegt die Wirtschaftsförderung eine Vielzahl von Kontakten mit wirtschaftsnahen Einrichtungen (u. a. Industrie und Handelskammer, Handwerkskammer, Verbände, Innungen, Sparkassen, Banken etc.). Daneben bestehen Kontakte zu anderen gesellschaftlichen Funktionssystemen, beispielsweise aus Politik, Wissenschaft und Bildung.

> „Ganz konkret ist der Arbeitsalltag eines kommunalen Wirtschaftsförderers bestimmt durch viele Gespräche mit Vertretern von Unternehmen und anderen wirtschaftsnahen Akteuren […]. Der Reichtum an wirtschaftsnahen Kontakten geht aber gewöhnlich mit einem Mangel an Kontakten zu ehrenamtlich geprägten Bereichen wie Sport, Kirche, Soziales und Kultur einher." Vogelgesang (2013, S. 180).

Selbstverständlich gibt es auch Mitarbeiterinnen und Mitarbeiter von Wirtschaftsförderungseinrichtungen, die exzellente Kontakte in die Bereiche Sport, Soziales, Kirche und Kultur aufweisen. Nur sind diese Kontakte nicht institutionell über die Tätigkeit als Wirtschaftsförderer verankert, sondern beruhen oftmals auf der Wahrnehmung außerberuflicher Rollen.

Überdies gibt es bislang in Deutschland keine ausgeprägte Tradition, Wirtschaft, Wirtschaftsförderung und kommunale Arbeitsmarktpolitik kompatibel mit bürgerschaftlichen Engagement zu machen.

Doch blicken wir nun auf eine Region, die im zuvor skizzierten Bereich bereits über eine zehnjährige Erfahrung verfügt.

Diese Wirtschafts- und Arbeitsmarktpolitik praktiziert die Region Kaiserslautern. Hier wurde von der kommunalen Wirtschaftsförderungseinrichtung die Initiative der „Ehrenamtlichen Arbeitsmarktmentoren Kaiserslautern" bereits im Jahr 2003 mit ins Leben gerufen und seit dieser Zeit aktiv unterstützt.

Weiterer Gestaltungsspielraum wurde durch die Einsetzung sogenannter Technologiebotschafter und Mittelstandslotsen sowie die Anbindung des Vereins „Zukunft in der Region Kaiserslautern" mit den darin integrierten Willkommenslotsen aktiv geschaffen.

Sämtlichen Einrichtungen und Initiativen ist es gemein, dass sie von der Wirtschaftsförderung Kaiserslautern entweder selbständig initiiert oder aber doch wenigstens

2.2 Wirtschaftsförderung

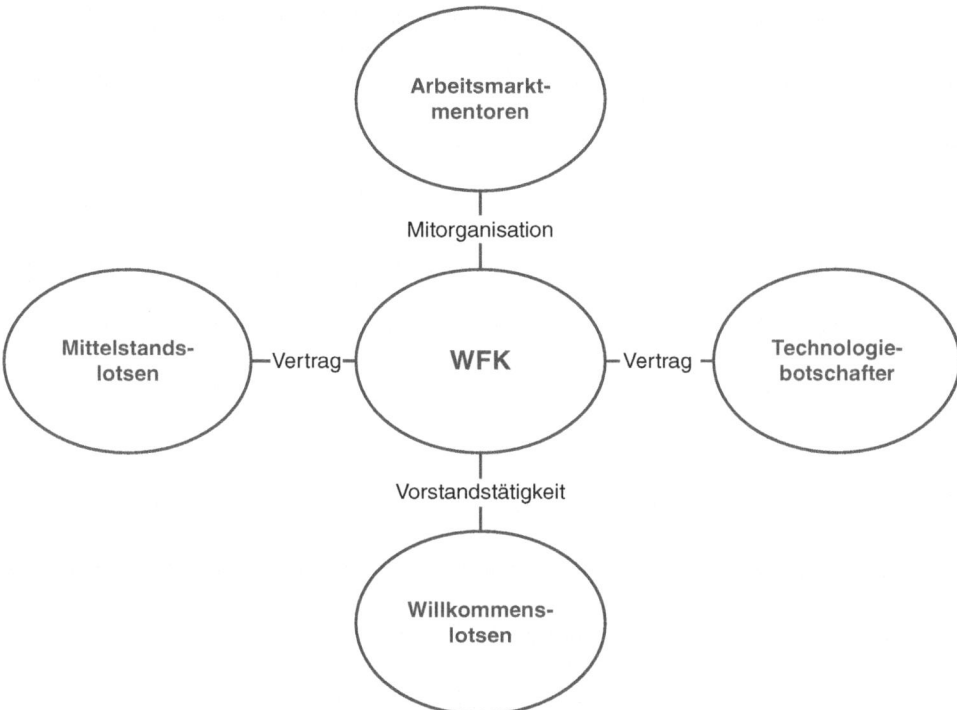

Abb. 2.2 WFK & Innovationsbereich Ehrenamt (Eigene Darstellung 2013)

mitinitiiert wurden. Die Anbindung der Arbeitsmarktmentoren an die WFK erfolgt durch ständige Mitorganisation, die der Technologiebotschafter und Mittelstandslotsen durch Vertrag. Die Anbindung der Willkommenslotsen wird durch die Vorstandstätigkeit eines Geschäftsführers der WFK im Verein Zukunft in der Region Kaiserslautern erreicht (Abb. 2.2).

Am Beispiel der Arbeitsmarktmentoren Kaiserslautern soll die Organisationsform eines ehrenamtlichen Projektes dargestellt werden. Diese Initiative wurde von der Wirtschaftsförderungsgesellschaft Stadt und Landkreis Kaiserslautern, der Freiwilligen Agentur Kaiserslautern und der Evangelischen Kirche gemeinsam ins Leben gerufen. Die drei genannten Institutionen unterstützen noch immer die Initiative.

Neben monatlichen Treffen findet einmal im Jahr ein sogenannter Jahres-Workshop statt, der dazu dient, die Jahresziele innerhalb der Mentoren zu bestimmen, zu beschließen und gleichzeitig zu eruieren, inwieweit die Vorjahres-Ziele tatsächlich umgesetzt werden konnten.

Zudem finden in regelmäßigen Abständen Weiterbildungsveranstaltungen und Exkursionen statt. Ziele dieser Exkursionen sind beispielsweise regionale Arbeitgeber, Weiterbildungseinrichtungen oder das Arbeitsgericht.

Weiterhin gibt es einen regelmäßigen Austausch mit regionalen Kooperationspartnern, beispielsweise mit Vertretern der Agentur für Arbeit, der Job Center und der örtlichen Kammern und Innungen.

Ein interessanter Aspekt dieser Initiative besteht darin, dass sie ohne eine Leitung oder einen Vorstand auskommt. Wie bereits ausgeführt wird die Entscheidung im Rahmen des Jahres-Workshops meist konsensuell getroffen.

Die Gruppe der ehrenamtlichen Arbeitsmarktmentoren Kaiserslautern umfasst ca. 15 Personen. Seit ihrer Gründung wurden rund 300 Personen durch die Mentorinnen und Mentoren ehrenamtlich und kostenfrei beraten und auf dem Weg ihrer Arbeitsplatzsuche aktiv und kompetent unterstützt und begleitet.

Zu den Unterstützungsleistungen der Mentoren gehören:

- Tipps zur Stellensuche, Stellenbörse, Internetrecherche
- Austausch über Möglichkeiten einer Initiativbewerbung
- Beratung für die Erstellung von Bewerbungsunterlagen
- Vorbereitung auf ein Vorstellungsgespräch
- Austausch zu den Themen, die die Klienten in der Bewerbungsphase beschäftigen und/oder belasten
- Austausch während der ersten Monate am neuen Arbeitsplatz
- Informationen über andere Beratungseinrichtungen, falls erforderlich Vgl. http://www.arbeitsmarktmentoren.de/index.php/ueber-uns (Stand 16.01.2014)

Immer wieder gibt es Konstellationen, in denen die beratenden Arbeitsmarktmentoren ihrerseits an einem Feedback durch andere Personen interessiert sind. Diese Rückkopplung findet im Rahmen der monatlichen Treffen der Mentoren statt, sofern dies von den Gruppenmitgliedern gewünscht wird.

Wie könnte man ausgehend von einer solchen wirtschaftsförderungsaffinen Initiative ähnliche Projekte in anderen Regionen aufbauen?

Der Ablauf einer solchen Implementierung befindet sich in Form einer generalisierten Darstellung bei Vogelgesang.

1) „Passende Idee
2) Kontaktaufnahme mit potenziellen Kooperationspartnern. Besteht Interesse an einer gleichberechtigten Kooperation? Gibt es gemeinsame Interessen?
3) Recherche:
   Gibt es bereits ähnliche Projekte?
   Konkurrenz zu anderen Projekten/Initiativen?
4) Entwicklung einer gemeinsamen Vorstellung.
5) Pressearbeit/Einladung zu öffentlicher Auftaktveranstaltung
6) Auftaktveranstaltung
7) Monatliche Treffen
8) Übergabe der Steuerung von den „Initiativorganisationen" an die Gesamtgruppe" Vogelgesang (2011: Folie 9).

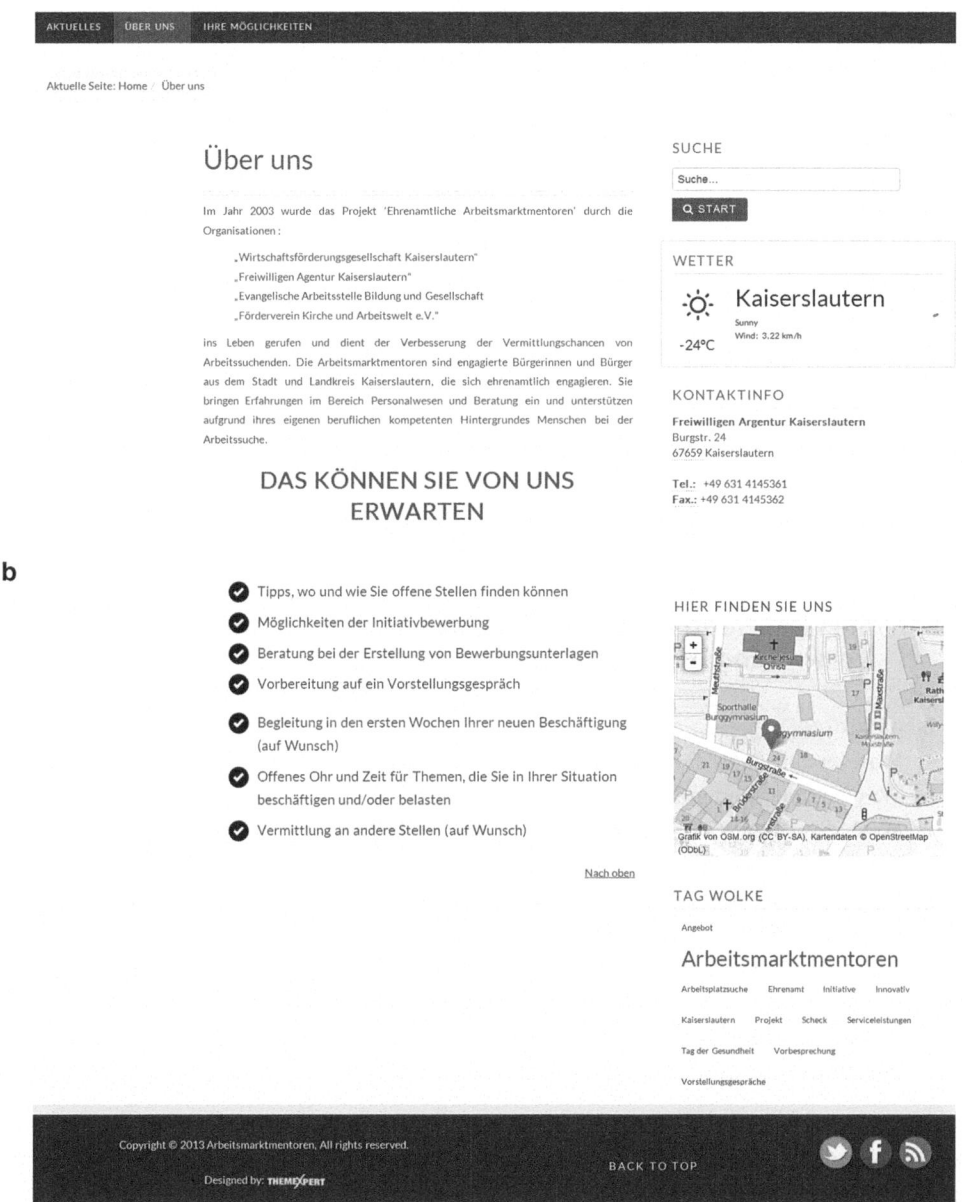

Abb. 2.3 a: Internetauftritt Arbeitsmentoren (http://www.arbeitsmarktmentoren.de/index.php/ueber-uns (Stand 16.01.2014)). **b**: Internetauftritt Arbeitsmarktmentoren (http://www.arbeitsmarkt-mentoren.de/index.php/ueber-uns (Stand 16.01.2014))

Abschließend wollen wir Ihnen, basierend auf den diesbezüglichen Ausführungen von Vogelgesang, einige Empfehlungen für den Aufbau eines Innovationsbereiches Ehrenamt nicht vorenthalten:

- „Standortbestimmung: Herausarbeitung von Stärken und Schwächen des Standortes.
- Sensibilisierung für das Potenzial, bürgerschaftlichen Engagements am Standort.
- Zentrale Frage: könnte mittels Ehrenamt die Attraktivität und die ökonomische Situation des Standortes verbessert werden? Falls ja:
- Literaturrecherche und ggf. Experteninterviews zum Aufbau bzw. zur Ergänzung von Fachwissen.
- Schlagwörter: Ehrenamt, bürgerschaftliches Engagement, Projektmanagement, Change Management (…)
- Sammeln von Ideen (z. B. Themenspeicher anlegen)
- Austausch mit den Profis aus dem Bereich „Bürgerschaftliches Engagement". Nutzung ehrenamtlicher Strukturen vor Ort z. B. Freiwilligen Agenturen, Ehrenamtsbörsen etc.
- Aufbau ehrenamtlicher Projekte
- Intensive Öffentlichkeitsarbeit: Vorteile für die jeweiligen Akteure herausarbeiten und kommunizieren.
- Kreativität, Ausdauer, Mut und Gelassenheit" (Abb. 2.3)

2.3 Serviceorientierung und Qualitätsmanagement von Verwaltung und Wirtschaftsförderung

Eingangsfragen

a. Was versteht man unter Service?
b. Was versteht man unter Kundenorientierung?
c. Weshalb sollten sich Verwaltungen für die Bedürfnisse der Empfänger von Verwaltungsdienstleistungen interessieren?
d. Lässt sich die Qualität und Quantität der Arbeit von Verwaltungen und Wirtschaftsförderungseinrichtungen messen?
e. Könnten Verwaltung und Wirtschaftsförderung ihren Service durch offensive Serviceversprechen und vor allem deren Einhaltung verbessern?
f. Wo könnten die Risiken eines Service- und Qualitätsmanagements für Verwaltungen und Wirtschaftsförderungen liegen? (Abb. 2.4)

Unter dem Begriff „serviceorientierte Verwaltung" finden sich im Januar 2014 bei der Suchmaschine Google 181.006 Begriffe, unter „serviceorientierte Wirtschaftsförderung" kommt Google auf 84.500 Nennungen (Zugegriffen: 7.01.2014).

Viele der in Google zu findenden Einträge beschäftigen sich mit IT, insbesondere mit Fragen bezüglich der Software bei der Implementierung einer serviceorientierten Verwaltung. Auch die einheitliche Behördennummer 115 verkörpert eine technikbasierte Serviceorientierung. Es handelt sich dabei um eine Kooperation von Kommunal-, Landes- und Bundesbehörden. Integraler Bestandteil sind eine Reihe von Serviceversprechen. So

2.3 Serviceorientierung und Qualitätsmanagement

Abb. 2.4 Behördennummer 115 (Eigene Darstellung 2016)

wird beispielsweise eine Maximaldauer für die Entgegennahme der meisten Anrufe definiert. Das Angebot soll zukünftig auf die gesamte Bundesrepublik Deutschland ausgedehnt werden. Vgl. http://www.115.de/DE/ueber_115/115_in_kuerze/115_in_kuerze_node.html

In einer von Karin Gerz und Kerstin Alfes im Jahr 2004 unter dem Titel „Die Kommunalverwaltung auf dem Weg zur Bürgerorientierung" vorgelegten Publikation unterscheiden die beiden Autorinnen die folgenden Service-Orientierungsdimensionen:

- Angebotsorientierung
- Prozessorientierung
- Verbesserungsorientierung
- Mitarbeiterorientierung
- Erreichbarkeits- und Ausstattungsorientierung

Vgl. Alfes und Gerz (2004, S. II)
Doch was verbirgt sich ganz konkret hinter diesen vielfältigen Dimensionen?
Schauen wir uns diese im Weiteren einmal genauer an.

Angebotsorientierung: Wie bereits aus dem Terminus hervorgeht, steht hier die von einer Verwaltung zu erbringende Leistung oder Dienstleistung und die Art und Weise der Leistungserbringung im Mittelpunkt der Betrachtung. Vgl. Alfes und Gerz (2004, S. 6).

„Den Ausgangspunkt einer serviceorientierten Verwaltung bildet zunächst die Formulierung eines Servicekonzeptes. Hierbei geht es weniger um die Ausarbeitung zukunftsbezogener „Visionen" als vielmehr um die Etablierung eines prägnanten, einheitlichen Selbstverständnisses der gegenwärtigen Leistungserbringung." Alfes und Gerz (2004, S. 7).

Ebenso sollten sich die Verantwortlichen mit den folgenden Themen auseinandersetzen:

Welche konkreten Produkte und/oder Dienstleistungen werden durch die jeweilige Verwaltung geschaffen?

Worin liegt der Nutzen dieser Leistungen oder Produkte für die Kunden?

Wer gehört zu den Kunden?

Sind Generalisierungen hinsichtlich der Kundenstruktur möglich, beispielsweise mittels Merkmalen wie Alter, Bildung, Geschlecht, Beruf?

Welche auf die Verwaltung bezogenen Bedürfnisse haben die Kunden bzw. potenziellen Kunden?

Sind die Bedürfnisse nicht hinreichend bekannt, könnte mittels der empirischen Sozialforschung versucht werden, relevante Daten zu erheben. In Betracht käme beispielsweise eine Befragung, die im Idealfall einen direkten Aufschluss über die Erwartungshaltung der (potenziellen) Kunden geben könnte.

Ebenso wäre es denkbar, Diskussionsrunden zu implementieren, die aus Verwaltungsmitarbeitern und deren potenziellen Kunden bestehen könnten.

Eine zentrale Voraussetzung für die Erbringung von Verwaltungsleistungen bzw. Dienstleistungen ist die Erreichbarkeit der Verwaltungsmitarbeiter durch ihre (potenziellen) Kunden. Nur wenn der Verwaltungsmitarbeiter entweder direkt oder aber mittels eines Mediums (z. B. Telefon, Internet, Brief, Fax, soziale Medien etc.) erreichbar ist, kann die Leistung gegenüber dem Kunden auch tatsächlich erbracht werden.

„Um die erbrachten Dienstleistungen zu verbessern, wurden vielerorts bereits die Bezirksverwaltungen neu gestaltet und Bürgerämter gebildet. Im Vordergrund steht die persönliche Erreichbarkeit für die Bürger, denen außer verkürzten Wegen und geringeren Wartezeiten vor allem umfassendere Beratungsmöglichkeiten aus einer Hand geboten werden sollen. Voraussetzung hierfür stellt die Bündelung von Dienstleistungen mehrerer Ämter dar, womit eine Übertragung bestimmter publikumsintensiver Aufgaben der Fachämter auf die Bürgerämter verbunden ist." Alfes und Gerz (2004, S. 7).

Im Weiteren soll der Bereich Service mit dem Thema Qualitätsmanagement in Beziehung gebracht werden. „Qualitätsmanagement ist der Oberbegriff für alle Tätigkeiten, Führungsaufgaben und Methoden, die zur Planung, Sicherung, Verbesserung und Prüfung der Qualität eines Produktes oder einer Dienstleistung gehören." https://www.projektmagazin.de/glossarterm/qualitaetsmanagement

Einer anderen Definition zufolge, versteht man darunter „[…] aufeinander abgestimmte Tätigkeiten zur Leitung und Lenkung einer Organisation bezüglich Qualität" ISO 9000 (2005, S. 21)

2.3 Serviceorientierung und Qualitätsmanagement

Obgleich die Revolution des Qualitätsmanagements nicht von Japan ausging, waren es doch japanische Unternehmen, die unter zunächst sehr schwierigen Bedingungen diesem Ansatz zum Weltruhm verhalfen.

„Nach dem Zweiten Weltkrieg lag die japanische Industrie am Boden. Nicht nur, dass sie an sich zerstört war, auch ihre Produkte galten als qualitativ zweifelhaft. [...] Allerdings gelang es den Japanern, innerhalb von zwei Jahrzehnten zur führenden Industrienation aufzusteigen. Die Qualität ihrer Produkte und ihr weitsichtiges Management erlangten Weltruhm. Japanische Fahrzeuge wurden zum Branchenführer und waren für ihre Qualität und Zuverlässigkeit bekannt." Crainer (1999, S. 163).

In der Zwischenzeit hat sich eine Vielzahl von Methoden und Instrumenten herausgebildet, die auf eine Verbesserung der Qualität von Prozessen, Dienstleistungen und Produkten abstellen.

Folgt man dem Duden, dann versteht man unter Service u. a. „[...] Bedienung und Betreuung von Gästen, Kundendienst, Dienstleistung, im Auftrag eines Kunden vorgenommene Inspektion, Wartung [...]. (http://www.duden.de/rechtschreibung/Service_Dienstleistung_Betreuung Zugegriffen: 09.11.2015)

Bezogen auf die Serviceleistungen von Verwaltung und Wirtschaftsförderung, die entsprechende Auswirkungen auf die Unternehmen vor Ort haben, sind grundsätzlich eine Vielzahl unterschiedlicher Servicekriterien vorstellbar.

Im Folgenden sollen die Servicekriterien in Anlehnung an Göbel erstellt werden, da von diesem Autor eine äußerst umfassende Studie vorliegt, die sich ausdrücklich mit der Fragestellung von Verwaltung und Wirtschaftsförderung als Standortfaktor für Unternehmen beschäftigt.

Bei der im Jahr 2010 von Göbel durchgeführten Befragung gaben die mit Abstand meisten Firmen an, per Telefon die zuständigen Ansprechpartner in der Stadtverwaltung oder der Wirtschaftsförderung gesucht zu haben (87 %). vgl. Göbel (2013, S. 245).

Göbel unterscheidet fördernde und beeinträchtigende Handlungsaspekte von Verwaltungen und Wirtschaftsförderungen. Dazu führt er aus:

„Fördernde weiche Faktoren sind
- Wirtschaftsförderungsleistungen,
- schnelle/transparente Genehmigungsverfahren,
- Lotsen- und Kümmererfunktion der Wirtschaftsförderung,
- Netzwerkinitiativen.

Beeinträchtigende weiche Faktoren sind
- Verschleppende Bearbeitungsverfahren, unflexible/langsame Terminvergaben,
- fehlendes Verständnis für unternehmerische Belange, unfreundlicher Kontakt,
- Bauplanungsverfahren, allgemeine Probleme mit dem Bauamt,
- intransparente/(vermeintlich) fehlerhafte Verfahrensentscheidungen,
- unzureichende Wirtschaftsförderung,
- politische Einflussname zum Nachteil der Unternehmen.

Fördernde harte Faktoren sind
- finanzielle Förderbedingungen.

Beeinträchtigende harte Faktoren sind
- Nachteilige Standortänderungen und (Neu-)Auflagen,
- ungenügendes Gewerbe-/Industrieflächenangebot,
- Parkplatzsituation für Handwerker und Kunden,
- öffentliche Vergabe ohne regionale Einbindung,
- ungleiche/verwehrte Fördermaßnahmen." Vgl. Göbel (2013, S. 251 f.).

Des Weiteren hatten die befragten Unternehmen die Möglichkeit, mittels einer Mehrfachnennung von maximal vier Antworten darzulegen, welche „[…] Kriterien guter Verwaltungsarbeit […] Sie an Ihrem Wirtschaftsstandort für besonders wichtig" halten. […] „Dabei konnten die Probanden aus folgenden Kriterien der allgemeinen Verwaltungsarbeit wählen: Bearbeitungszeit, Rechtssicherheit, Freundlichkeit, Vollständigkeit, jeweilige Verständlichkeit der Formulare und der Auskünfte, Terminvergabe sowie Transparenz." Göbel (2013, S. 254).

Die meisten Nennungen entfielen mit 77 % Zustimmung auf kurze Bearbeitungszeiten, gefolgt von rechtlicher Verlässlichkeit der erteilten Auskünfte (64 %), Freundlichkeit der Mitarbeiter (50 %), Vollständigkeit der Auskünfte (48 %), Verständlichkeit der Formulare (43 %), schnelle und flexible Terminvergabe (38 %), Transparenz der Verwaltungsverfahren (31 %), Verständlichkeit der Auskünfte (28 %) sowie Sonstiges (2 %) (Abb. 2.5).

Im nächsten Schritt stellt Göbel die Antworten der Unternehmen, „bezüglich der Wichtigkeit von Servicekriterien" den Erbringern der Leistungen, nämlich den Mitarbeiterinnen

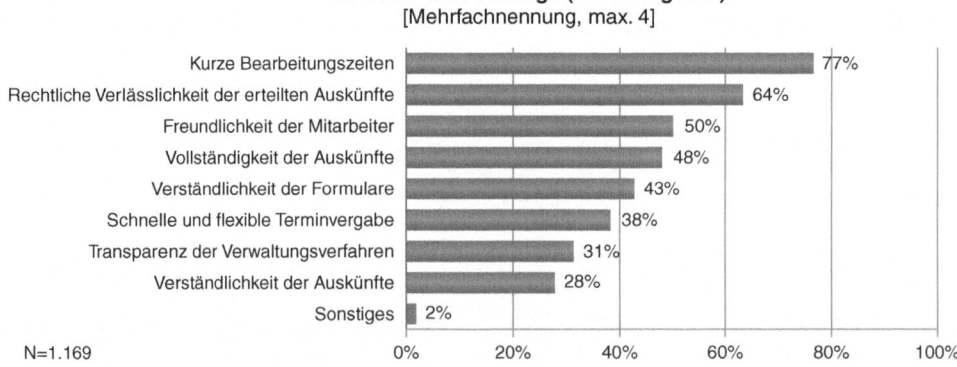

Abb. 2.5 Kriterien guter Verwaltungsarbeit Nr. 1. Göbel (2013, S. 161 http://repositorium.uniosnabrueck.de/bitstream/urn:nbn:de:gbv:700-2012122110614/1/thesis_goebel.pdf)

2.3 Serviceorientierung und Qualitätsmanagement

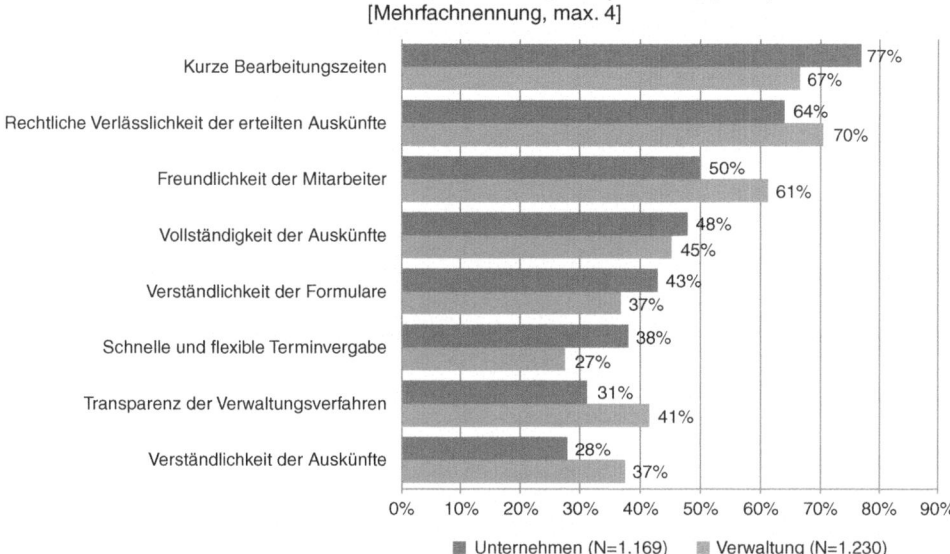

Abb. 2.6 Kriterien guter Verwaltungsarbeit Nr. 2. Göbel (2013, S. 169 http://repositorium.uniosnabrueck.de/bitstream/urn:nbn:de:gbv:700-2012122110614/1/thesis_goebel.pdf)

und Mitarbeitern der befragten Verwaltungen, gegenüber. Obgleich die Ergebnisse in vielen Bereichen Ähnlichkeiten aufweisen, gibt es doch auch Abweichungen.

So bewerten die Verwaltungsmitarbeiter mit 70 % die rechtliche Verlässlichkeit der erteilten Auskünfte am höchsten. Die von den Unternehmen am häufigsten genannten kurzen Bearbeitungszeiten sehen die Verwaltungsmitarbeiter mit 67 % Zustimmung an zweiter Stelle (Abb. 2.6).

Im Weiteren wird eine Beurteilung des Service der Stadtverwaltungen in Form von Schulnoten mittels einer Skala von 1 bis 6 ermöglicht. Dabei werden die Antworten von Unternehmen und Verwaltungen getrennt betrachtet. Damit wird eine Einschätzung der Verwaltungsarbeit ermöglicht (Selbstbild) sowie eine Einschätzung durch die Unternehmen (Fremdbild). Es zeigt sich, dass in den untersuchten Kommunen die Verwaltungsmitarbeiter ihre Leistung besser bewerten als die befragten Unternehmen (Abb. 2.7).

„Für das Servicekriterium „kurze Bearbeitungszeiten" ist standortunabhängig die größte Differenz in der Wahrnehmung zu erkennen. Die Erfahrungen erreichen hier eine Standardabweichung von 1,12 Schulnoten [...]. Es ist davon auszugehen, dass die Bearbeitungszeiten von Einzelerfahrungen und demzufolge von den Gegebenheiten in bestimmten Ämtern abhängig sind." Göbel (2013, S. 271).

Wie Göbel weiterhin ausführt, „[...] besteht die größte Wahrnehmungsdifferenz zwischen den Akteuren in der Bewertung der „rechtlichen Verlässlichkeit der erteilten

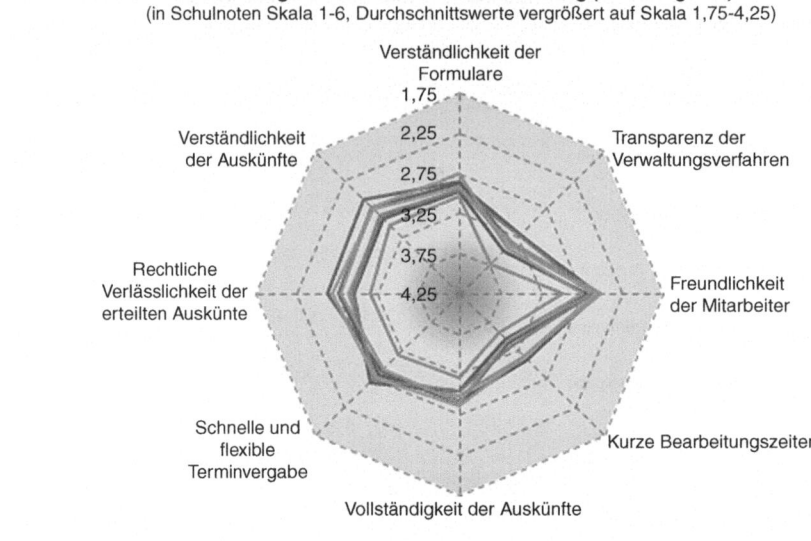

Abb. 2.7 Servicemuster der Stadtverwaltung. Göbel (2013, S. 176 http://repositorium.uniosnabrueck.de/bitstream/urn:nbn:de:gbv:700-2012122110614/1/thesis_goebel.pdf)

Auskünfte" im Sinne der erteilten Verfahrensauskünfte und Bescheide. Ferner werden die Kriterien „schnelle und flexible Terminvergabe", „Vollständigkeit der Auskünfte" und „kurze Bearbeitungszeiten" von den Akteuren ähnlich differenziert bewertet und bieten somit das größte Optimierungspotenzial zur Steigerung der Unternehmensfreundlichkeit durch die Kommunalverwaltungen." Göbel (2013, S. 271 f.)

Auch erfolgte eine Befragung, ob die Gütekriterien der RAL Deutsches Institut für Gütesicherung und Kennzeichnung, Gütegemeinschaft Mittelstandsorientiere Kommunalverwaltungen e.V. bei den Aktivitäten der jeweiligen Verwaltungen von Relevanz sind.

„Im Einzelnen beinhalten die für die Selbstanalyse genutzten RAL-Kriterien folgende Prüfgrößen:
- Prüfkriterium a) Eingangsbestätigung und Nennung eines Ansprechpartners innerhalb von drei Arbeitstagen […]. Es erfolgt eine Eingangsbestätigung von Anfragen, Anträgen und Ähnlichem durch die Kommune an den Unternehmer. Mit der Eingangsbestätigung erfolgten die Nennung des Ansprechpartners, seine Kommunikationsdaten und die Zeiten seiner Erreichbarkeit.
- Prüfkriterium b) Erste Informationen zum Verfahren innerhalb von sieben Arbeitstagen […]: Es erfolgt eine Rückmeldung des Ansprechpartners hinsichtlich noch fehlender Unterlagen sowie möglicher Tatbestände, die zu „Auszeiten" führen könnten (zum Beispiel bei einem Antrag auf Baugenehmigung), die Nennung eines Zeitplans für das

2.3 Serviceorientierung und Qualitätsmanagement

weitere Vorgehen und die Zusicherung, dass Abweichungen, sobald sie sich abzeichnen, dem Unternehmen umgehend mitgeteilt werden.
- Prüfkriterium c) Besprechungen bei Unternehmen […]: Die Verwaltung macht den Unternehmen das Angebot (zum Beispiel durch Anzeige im Verwaltungswegweiser), innerhalb von fünf Arbeitstagen einen Besprechungstermin vor Ort durchzuführen.
- Prüfkriterium f) Reaktion auf Beschwerden innerhalb von drei Arbeitstagen […]: dieses Kriterium beinhaltet eine schnelle und qualifizierte Reaktion auf die Beschwerde des Unternehmers. Förmliche Dienstaufsichtsbeschwerden sind aufgrund der Notwendigkeit der Einbeziehung mehrerer Beteiligter von dieser Prüfung ausgenommen, wenn die besondere Situation dem Unternehmer erklärt wird.
- Prüfkriterium j) Reaktionszeiten auf Anrufe und E-Mails innerhalb von einem Arbeitstag: Es wird das Serviceversprechen erteilt, dass innerhalb eines Arbeitstages auf Anrufe oder E-Mails reagiert wird und das Unternehmen eine Antwortmail oder einen Rückruf erhält." Göbel (2013, S. 275).

Die von Göbel vorgenommene Analyse brachte zutage, dass in den untersuchten Kommunen die oben aufgeführten Gütekriterien nur in einem geringen Maße beachtet werden. Vgl. Göbel (2013, S. 275) (Abb. 2.8).

Wie sich aus dem Schaubild ergibt, antworten immerhin 45 % der befragten Kommunen, dass sie erste Informationen zum Verfahren innerhalb von sieben Arbeitstagen geben (Prüfkriterium b). Die geringste Zustimmung mit lediglich 31 % besteht bei einem spezifischen Angebot für einen Besprechungstermin bei dem jeweils anfragenden Unternehmen (Prüfkriterium c).

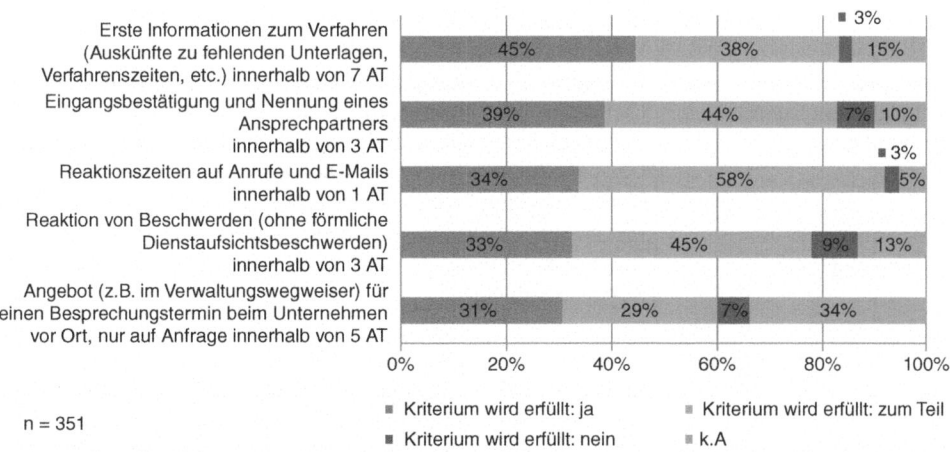

Abb. 2.8 Gütekriterien in der Verwaltungskommunikation. Göbel (2013, S. 182 http://repositorium.uniosnabrueck.de/bitstream/urn:nbn:de:gbv:700-2012122110614/1/thesis_goebel.pdf)

Göbel fasst die Untersuchungsergebnisse wie folgt zusammen:

„Die Untersuchung der Gütesicherung in der Verwaltungskommunikation mit Unternehmen zeigt bei weitem noch kein allgemein gültiges Niveau von Serviceversprechen gegenüber den Verwaltungskunden aus der Wirtschaft." Göbel (2013, S. 277).

Doch welche Konsequenzen ergeben sich daraus, dass sich die auf kürzere Bearbeitungszeiten abstellenden Servicegarantien der Verwaltungen gegenwärtig in einem eher suboptimalen Zustand befinden?

Für Göbel könnte ein Ansatz darin liegen, mittels Studien Praxisbeispiele zu analysieren.

„Diese können auf grundlegende Effekte zur Genehmigungsdauer von Verwaltungsverfahren hin evaluiert werden und dadurch konkrete Umsetzungsempfehlungen hervorbringen. Prozessevaluationen sind hierfür ein geeignetes Instrument, denn zur Problemwahrnehmung der Bearbeitungszeiten wurden starke Unterschiede im intra- und interkommunalen Behördenvergleich ermittelt." Göbel (2013, S. 375)

Auf Basis einer Darstellung von Schedler und Proeller (2006: 127) entwickelt Göbel eine Grafik zu den „[…] Optionen der Kundenbeteiligung im Konzeptions-/Revisionsprozess sowie im Produktionsprozess kommunaler Leistungen." Göbel (2013, S. 380) (Tab. 2.2).

Tab. 2.2 Kundenbeteiligung im Konzeptions-/Revisionsprozess. Göbel (2013, S. 260 http://repositorium.uniosnabrueck.de/bitstream/urn:nbn:de:gbv:700-2012122110614/1/thesis_goebel.pdf)

Prozesselemente	Beteiligungsoptionen für Standortakteure
Konzeptions-/ Revisionsprozess (Beginn)	
1. Erfassung der Leistungserwartung (Kundenbedürfnisse)	Erläuterung der Entwicklungs- und/ oder Standortziele, die mit dem Angebot verknüpft sind und Durchführung einer Kundendiskussion zur Erfassung der Leistungserwartung, z. B. im Rahmen von strukturierten Beteiligungsverfahren wirtschaftlicher Akteure oder von organisierten Unternehmertreffen der Wirtschaftsförderungen
2. Definition der legitimen Ansprüche des Kunden oder der Kundin	Beeinflussung der Anspruchshaltung von Unternehmen durch nachvollziehbare und transparente Kommunikation des zu erwartenden Qualitätsniveaus kommunaler Leistungen, z. B. über Citizen's Charters/ allgemeine Dienstleistungsversprechen der Kommune {Promberger 2001 #505}
3. Definition des Leistungsangebots	Erstellung der Leistungsspezifikation unter Einbezug der Kundenperspektive, z. B. durch Qualitätszirkel mit Kundenbeteiligung
Produktionsprozess (Fortsetzung)	
1. Erstellung der Leistung	Information der Unternehmen über den Stand und weiteren Verlauf der Leistungserstellung, z. B. über ein Ticketsystem oder ein im Rahmen von Kunden- und Fallmanagementsystemen
2. Abgabe der Leistung	Erfassung und Monitoring der Leistungswahrnehmung, z. B. durch standardisierte Kundenbefragungen

2.3 Serviceorientierung und Qualitätsmanagement

Es wird deutlich, dass mittels einer klar strukturierten und auf die Beteiligung der Kunden abstellenden intensiven Beschäftigung mit dem jeweiligen Leistungsangebot die Qualität der von Kommunen produzierten Dienstleistungen gesteigert werden könnte.

Wichtig erscheint hier neben einer grundlegenden Bereitschaft zur Reflexion die strukturierte und dennoch für Verbesserungen offene Vorgehensweise. Insbesondere geht es auch darum, die Verwaltungsvertreter für die legitimen Kundenbedürfnisse zu sensibilisieren und in ihnen die Bereitschaft zu wecken, mittels ihrer Dienstleistungen einen wertvollen Beitrag für den einzelnen Kunden zu erbringen.

Schauen wir uns die in dem vorangegangenen Schaubild dargestellten Phasen etwas genauer an:

Wichtig ist an dieser Stelle, dass Sie die dem Schaubild immanenten Phasen auf Ihren beruflichen Hintergrund beziehen. Gut wäre es, wenn Sie anhand der im Schaubild verwendeten Kategorien darstellen könnten, welche Leistungen von „Ihrer Abteilung" erbracht werden und wo in diesem konkreten Sachverhalt die Möglichkeiten einer Kundenbeteiligung liegen könnten.

Bezogen auf die Wirtschaftsförderungseinrichtungen wäre beispielsweise ein Vorschlagswesen seitens der von der WiFö betreuten Unternehmen möglich. So könnte im Anschluss an Beratungsgespräche von Zeit zu Zeit abgefragt werden, welche zusätzlichen Serviceangebote sich die Unternehmensvertreter von den kommunalen Wirtschaftsförderungseinrichtungen wünschen.

Allerdings besteht bei einer solchen Vorgehensweise auch die Gefahr, dass bei den Unternehmen Wünsche geweckt werden, die sich aufgrund der den Wirtschaftsförderungseinrichtungen immanenten Restriktionen (u. a. personell, strukturell und finanziell) in der Realität als nicht durchführbar erweisen können.

Doch dürfen diese Restriktionen nicht als „Totschlagargument" gegenüber Veränderungswünschen verstanden werden. Letztendlich muss es immer darum gehen, vorhandene Ressourcen so einzusetzen, dass die Unternehmen vor Ort auf Basis dieser Ressourcen einen möglichst guten Service erhalten.

Die Einschätzung der Qualität von Serviceleistungen der kommunalen Wirtschaftsförderungseinrichtungen durch die Unternehmen sollte periodisch mittels Erhebungen durchgeführt werden. Anhand dieser Panelstudien werden die Wirtschaftsförderungen in die Lage versetzt, den Wert ihrer Dienstleistungen für die Unternehmen einschätzen zu können und auch im zeitlichen Verlauf Abweichungen zu erkennen und bei Bedarf gegenzusteuern.

Weiterhin können die Studien als Diskussionsgrundlage für Gespräche zwischen Wirtschaftsförderungseinrichtungen und für Diskussionen innerhalb der Belegschaften von Wirtschaftsförderungseinrichtungen bilden. Ebenso können sie als Dokumentation der Arbeit dieser Einrichtungen dienen. Weiterhin sind sie eine mögliche Diskussionsgrundlage für Gespräche zwischen den Leitungen der Wirtschaftsförderungseinrichtungen und den diese Einrichtungen kontrollierenden politischen Entscheidungsträgern.

Die Ergebnisse sind über den Zeitverlauf zu dokumentieren und in Form von Schaubildern zu visualisieren. Neueinsteiger im Bereich der Wirtschaftsförderungseinrichtungen sollten möglichst Gelegenheit erhalten, sich intensiver mit den Ergebnissen der Befragung zu beschäftigen. Dadurch entstünde in einem sehr frühen Stadium der beruflichen Sozialisation die Möglichkeit zu einer diesbezüglichen Sensibilisierung.

Hinsichtlich der Motivation von Mitarbeiterinnen und Mitarbeitern lässt sich grundsätzlich zwischen extrinsischen und intrinsischen Anreizsystemen unterscheiden.

Zu den extrinsischen Anreizen gehören beispielsweise materielle Leistungen wie ein höheres Gehalt, etwa Zulagen, Sonderurlaub und Ähnliches. Ein Problem bei sehr ausgeprägten extrinsischen Anreizstrukturen liegt darin, dass sich Gewöhnungseffekte ergeben und sich somit Sonderzulagen oder ähnliche Extragratifikationen mit der Zeit „leicht abnutzen können".

Die intrinsische Motivation setzt auf die in den Individuen liegenden Antriebskräfte. Es geht um Aspekte wie Leistungsanerkennung, Selbstverwirklichung und Ähnliches. Der Auftrag wird aus der Freude an einer bestimmten Sache, einem Thema etc. verrichtet, ohne dass die Frage gestellt wird, wie sich ein solcher Einsatz monetär auswirken könnte. Auch kann z. B. eine Herausforderung bzw. Gefahr die Antriebskraft bilden, wenn es beispielsweise darum geht, gegen Widerstände erfolgreich zu sein.

Aus der Erfahrung aus Gesprächen mit Mitarbeitern/-innen der Verwaltung ist die Frage der Rechtssicherheit bei Entscheidungen in Bezug auf die Erteilung von Genehmigungen für die Mitarbeiter/-innen von großer Wichtigkeit.

Mitarbeiter/-innen sind in ihrem täglichen Tagesablauf damit betraut, Entscheidungen über Genehmigungen zu treffen auf Basis der jeweiligen Vorschriften und Gesetze sowie der vorliegenden Angaben der Unternehmer/-innen. Unvollständige oder gar fehlende Angaben werden zum Problem, ebenso sind Zwänge aus den Gesetzesbüchern und Vorschriften umzusetzen, was oftmals Kosten und Aufwand für die Unternehmer/-innen bedeutet und naturgemäß zu wenig Begeisterung führt. In diesem Konfliktfeld bewegt sich der/die Verwaltungsmitarbeiter/-in.

Zu empfehlen ist, Handlungsspielräume, soweit vorhanden, im Sinne der Unternehmen auszuschöpfen, um ein reibungsloses Genehmigungsverfahren am Laufen zu halten.

In modernen Verwaltungsstrukturen ist die Etablierung von sog. „runden Tischen" bereits gängige Praxis, was zu Zeitersparnissen bei den Genehmigungsverfahren führt sowie zu der Möglichkeit, praxisnahe Spielräume bei Entscheidungen zu erkennen und umzusetzen.

Diese Anstöße kommen in der Regel von Vertretern/-innen der Wirtschaftsförderungseinrichtungen, die die Möglichkeit haben, „runde Tische" zu organisieren und die Verfahren „auf die Spur" bringen.

In diesem Zusammenhang ist auch der Gesetzgeber gefordert, Vorschriften und Gesetze zu formulieren, die sich an der betrieblichen Praxis der Unternehmen orientieren und den vielgescholtenen Bürokratismus eindämmen.

2.3 Serviceorientierung und Qualitätsmanagement

Die Verwaltungsmitarbeiter/-innen sind letztlich ausführendes Organ und gehalten, Vorschriften und Gesetze umzusetzen. Handlungsspielräume zu nutzen ist sicherlich ein Gebot der Zeit, doch ist der Gesetzgeber hier in noch größerem Ausmaße gefragt, sinnvoll erscheinende Gesetze und Vorschriften zu erlassen. Zu empfehlen ist an dieser Stelle ein aktiver Austausch von Gesetzgebungsorganen und Behörden zur Optimierung der Gesetzgebung und dem Erlass von Vorschriften.

RAL

Der Reichs-Ausschuss für Lieferbedingungen (kurz RAL) wurde 1925 als gemeinsame Initiative der deutschen Privatwirtschaft und der damaligen Regierung gegründet. Ziel war eine Vereinheitlichung und Präzisierung von technischen Lieferbedingungen zu schaffen. Um den Qualitätsanforderungen und Kontrollen zu entsprechen, benötigte man ein System der Gütesicherung. Zur Durchführung dieser Anforderungen war ein Selbstverwaltungsorgan aller im Markt Beteiligten notwendig.

Aktuell arbeitet der RAL als unabhängiger Dienstleister. Seine Rechtsform entspricht einem eingetragenen Verein. Seine Organe sind: Präsidium, Kuratorium, Mitgliederversammlung, Geschäftsführung.

Die Unabhängigkeit und Interessensneutralität des RAL wird durch die Richtlinienkompetenz des Kuratoriums gewahrt. Dieses setzt sich zusammen aus Vertretern der Spitzenwirtschaft, der Verbraucher, der Landwirtschaft, Bundesministerien und weiteren Bundesorganisationen.

Die allgemeinen RAL-Kompetenzfelder sind das RAL-Gütezeichen, sowie Registrierungen, Vereinbarungen und RAL-Testate.

Im Jahr 2006 wurde das RAL-Gütezeichen „Mittelstandsorientierte Kommunalverwaltung" von den Städten Dortmund, Hamm, Hückeswagen, Mühlheim an der Ruhr, Nagold und Sindelfingen sowie den Kreisen Borken, Dithmarschen, Paderborn, Steinfurt, Unna und dem Rhein-Kreis Neuss gegründet. Momentan zählt diese Gütegemeinschaft 47 Kommunen und Landkreise in neun Bundesländern als Mitglieder.

Das Gütezeichen bestätigt den kommunalen Verwaltungen unabhängig und objektiv, dass sie ein mittelstandsfreundlicher (Investitions-)Ort sind. Durch standardisierte Kriterien kann die Qualität der Verwaltungen nachvollziehbar gemacht werden. Die Verleihung des Gütezeichens erfolgt, wenn die „Güte- und Prüfbestimmungen für mittelstandsorientierte Kommunalverwaltung", die von RAL Deutsches Institut für Gütesicherung und Kennzeichnung e.V. und der Gütegemeinschaft Mittelstandsorientierte Kommunalverwaltungen e.V. entwickelt wurden, erfüllt werden.

Hierbei verpflichten sich die Verwaltungen zu „14 Serviceversprechen", die nach eingehender Prüfung von Verwaltungsprozessen, Verfahrensvereinfachungen und verbindlichen Standardisierungen erstellt wurden. Die Mitglieder sind verpflichtet diese „Serviceversprechen" einzuhalten. Ist dies nicht der Fall, kann das Siegel wieder entzogen werden.

Die Einhaltung der Standards werden alle zwei Jahre durch ein neutrales Institut geprüft (Abb. 2.9).

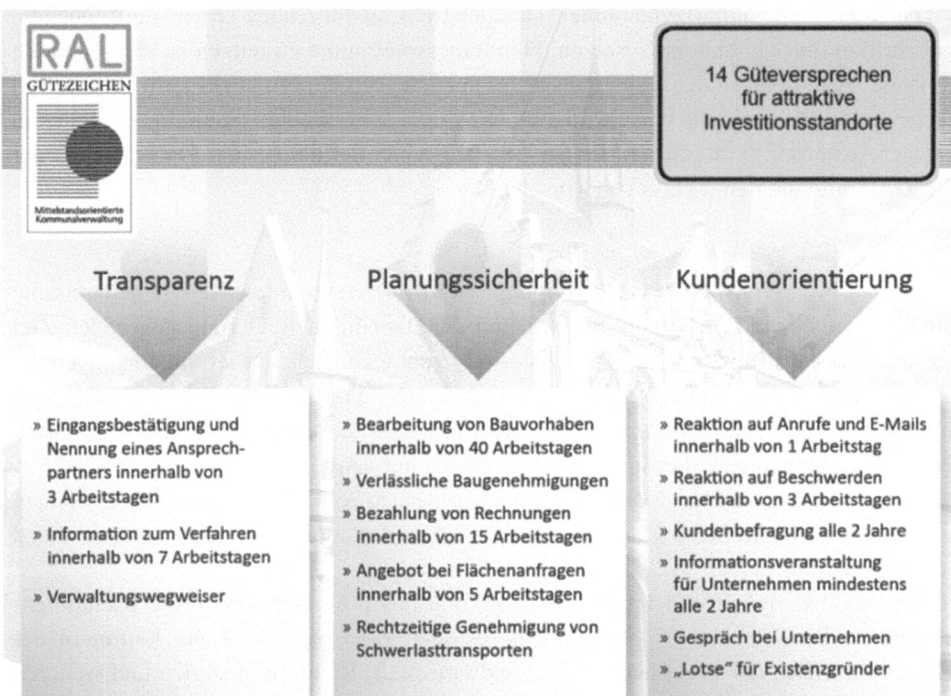

Abb. 2.9 Güteversprechen für attraktive Investitionsstandorte (http://www.public-manager.com/ aktuelles/einzelansicht/archive/2011/march/article/ral-guetezeichen-mittelstandsorientierte-kommunalverwaltung-schafft-klaren-vorteil-im-standortwettbewerb.html)

Der Vorteil dieses Siegels ist, dass Verwaltungsverfahren besser an Bedürfnisse mittelständischer Unternehmen angepasst werden können. Hierbei werden die Kommunen durch RAL unterstützt. Da die mittelständischen Unternehmen rund 80 % der Ausbildungsplätze sowie ein Viertel aller Arbeitsplätze stellen, ist es sehr wichtig, dass mit dem RAL-Gütesiegel dieser Bereich besonders gefördert wird. RAL stellte mit diesen Serviceversprechen als erstes verbindliche Kriterien zur Messung der Kompetenzen im Bereich der kommunalen Verwaltungen auf (Abb. 2.10).

Beispiel: Wirtschaftsfreundliche Verwaltung der Stadt Höxter

Seit 2007 ist die Kreisverwaltung Höxter Mitglied der „Gütegemeinschaft Mittelstandsorientierte Kommunalverwaltung" und wurde 2008 als mittelstandsorientierte Kommunalverwaltung zertifiziert. Ab 2008 galten die 14 Gütekriterien in ihrer Verwaltung mit Erfolg. Um die erneute Zertifizierung zu erhalten, müssen 13 der 14 Kriterien erfolgreich praktiziert und geprüft werden.

Alle zwei Jahre wurden die Güte- und Prüfkriterien von unabhängigen Prüfern der TÜV NORD CERT GmbH geprüft, und der Kreis Höxter bekam dafür 2012 die Schulnote 2. Die beste Bewertung ging an die „Freundlichkeit der Mitarbeiter", dicht

2.3 Serviceorientierung und Qualitätsmanagement

Abb. 2.10 a: Wirtschaftsfreundliche Kommune Höxter (https://www.hoexter.de/portal/seiten/wirtschaftsfreundliche-verwaltung-908000100-22101.html?s_sprache=de&rubrik=908000007). **b**: Wirtschaftsfreundliche Kommune Höxter (https://www.hoexter.de/portal/seiten/wirtschaftsfreundliche-verwaltung-908000100-22101.html?s_sprache=de&rubrik=908000007)

gefolgt von den Kriterien „Termineinhaltungen" sowie „Richtigkeit & Vollständigkeit der Auskünfte". Aber auch die Kundenanalyse der mittelständischen Unternehmen im Landkreis ergab gute Ergebnisse.

„Dass wir uns nicht auf unseren Lorbeeren ausruhen, zeigt die erneute Auszeichnung mit dem RAL-Gütezeichen als mittelstandsorientierte Kommunalverwaltung […]" (Landrat im Kreis Höxter Friedhelm Spieker) (http://www.kreis-hoexter.de/politik-verwaltung/verwaltung/presse/pressemitteilungen/pressemitteilungen-2009/20091111-pressemitte. Zugegriffen: 09.11.2015)

Wettbewerbe (Abb. 2.11)

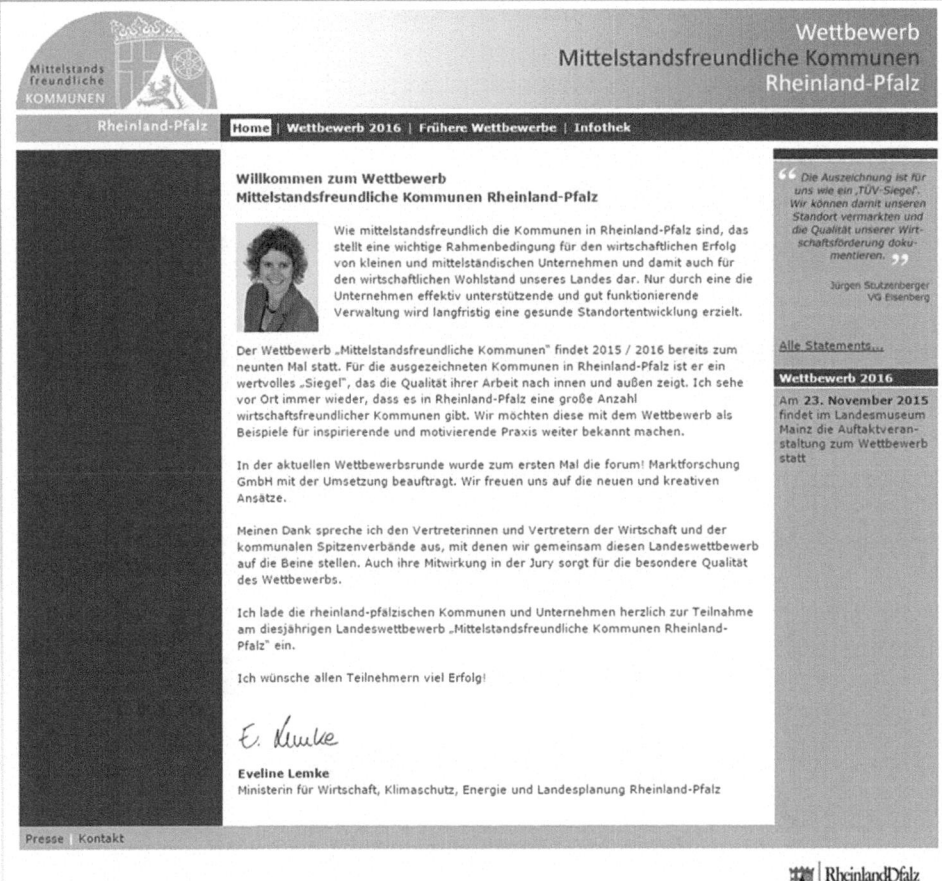

Abb. 2.11 Wettbewerb mittelstandsfreundlicher Kommunen (http://www.mittelstandsfreundliche-kommunen.de/home/startseite.htm)

2.4 Interkommunale Kooperationen auf den Gebieten Verwaltung und Wirtschaftsförderung

Eingangsfragen
a. Wo könnten die Vorteile einer interkommunalen Kooperation liegen?
b. Welche Akteure wären dabei involviert?
c. Wo könnten organisatorische Schwierigkeiten entstehen?

Im Weiteren gilt es zu klären, inwieweit durch interkommunale Korporationen im Bereich von Verwaltungen und/oder Wirtschaftsförderungseinrichtungen Vorteile für Kommunen generiert werden könnten.

Schauen wir uns zunächst anhand mehrerer Definitionen an, was sich hinter dem Begriff „Verwaltungskooperation" verbirgt.

Verwaltungskooperation wird als Oberbegriff verwendet, für jene Art von Tätigkeiten, die auf ein Ziel hin vereinigt sind, ohne dass es darauf ankommt, dass bestimmte Aufgaben gemeinsam bewältigt werden, sondern ausreicht, dass jeder Partner einen bestimmten Bereich übernimmt. Vgl. Glaser (2007, S. 93).

Hoffman spricht von: „Interadministrativen Verbindungen", worunter er jede völkerrechtssubjektübergreifende rechtliche Verkoppelung von Verwaltungseinheiten versteht. Vgl. Hoffmann (2007, S. 29 f.).

„Mit dem Begriff der Verwaltungskooperation lassen sich unter anderem solche Arrangements nur schwerlich fassen, die daraufhin konzipiert sind, dass eine Verwaltungsbehörde aktiv tätig wird, die andere dagegen untätig bleiben soll." Hoffmann (2005, S. 33).

Der Rahmen für eine interkommunale Kooperation wird durch Artikel 28 Grundgesetz bzw. durch die jeweiligen Landesgesetze zur Regelung der kommunalen Gemeinschafts- bzw. Zusammenarbeit vorgegeben.

„Danach sind die Gemeinden und Landkreise grundsätzlich dazu berechtigt, zur Erledigung bestimmter Aufgaben – gleichgültig, ob sie dazu verpflichtet sind oder diese freiwillig wahrnehmen – Zweckverbände zu bilden oder aber öffentlich-rechtliche Vereinbarungen zu schließen mit Ausnahme der Aufgaben, deren gemeinsame Erfüllung durch Gesetz ausgeschlossen oder mit einer besonderen Rechtsform verbunden ist." Dallmann und Richter (2012, S. 70)

Zu den ökonomischen Vorteilen interkommunaler Zusammenarbeit gehören nach Dallmann und Richter „[…] Koordinationsvorteile, Größenvorteile, Vorteile durch die Internalisierung externer Effekte." Dallmann und Richter (2012, S. 73).

Neben den ökonomischen Vorteilen sehen Dallmann und Richter auch Vorteile im Bereich von Koordination, Größe, Internalisierung externer Effekte, partikuläre Kooperationsvorteile. Schließlich wird ausgeführt, dass eine kommunale Zusammenarbeit auch einen Eigenwert darstellt. Vgl. Dallmann und Richter (2012, S. 74 f.).

Zur Organisation einer interkommunalen Zusammenarbeit steht den jeweiligen Kommunen eine Vielzahl unterschiedlicher Organisationsformen zur Verfügung. Dabei ist grundsätzlich zwischen öffentlich-rechtlichen und privaten Organisationsformen zu unterscheiden.

Zu den öffentlich-rechtlichen Organisationsformen gehören beispielsweise kommunale Arbeitsgemeinschaften ebenso wie Zweckverbände. Privatrechtliche Organisationsformen können die unterschiedlichsten Kapitalgesellschaften wie beispielsweise Aktiengesellschaften, GmbHs und Gesellschaften des bürgerlichen Rechts beinhalten. Daneben ist aber beispielsweise auch die Gründung sowie der Betrieb von eingetragenen Vereinen und Stiftungen möglich.

Eine detaillierte Auflistung öffentlich-rechtlicher und privatrechtlicher Organisationsformen im Zusammenhang mit interkommunaler Zusammenarbeit findet sich bei Dallmann und Richter (2012, S. 90.f.).

Als Motive für Verwaltungskooperation kommen u. a. die damit einhergehenden erweiterten Gestaltungsmöglichkeiten, die alleine nicht mehr zu lösende Größe und Komplexität von Aufgaben, die Möglichkeiten zur Kostensenkung. Diese Bündelung beinhaltet die Optionen zur Steigerung und Stärkung der Verwaltungskraft sowie eine Zusammenlegung von Wissen und Kompetenz der beteiligten Akteure.

Interkommunale Kooperation meint die „[…] Bezeichnung der Gesamtheit aller möglichen Kooperationsformen zwischen mindestens zwei Gemeinden bzw. Gemeindeverbänden." Dallmann und Richter (2012, S. 65).

Beispiel: Kaiserslautern

Die Stadt Kaiserslautern und der Landkreis Kaiserslautern gründeten im Jahr 1992 eine gemeinsame GmbH zur Ausübung einer kommunalen Wirtschaftsförderung (Abb. 2.12).

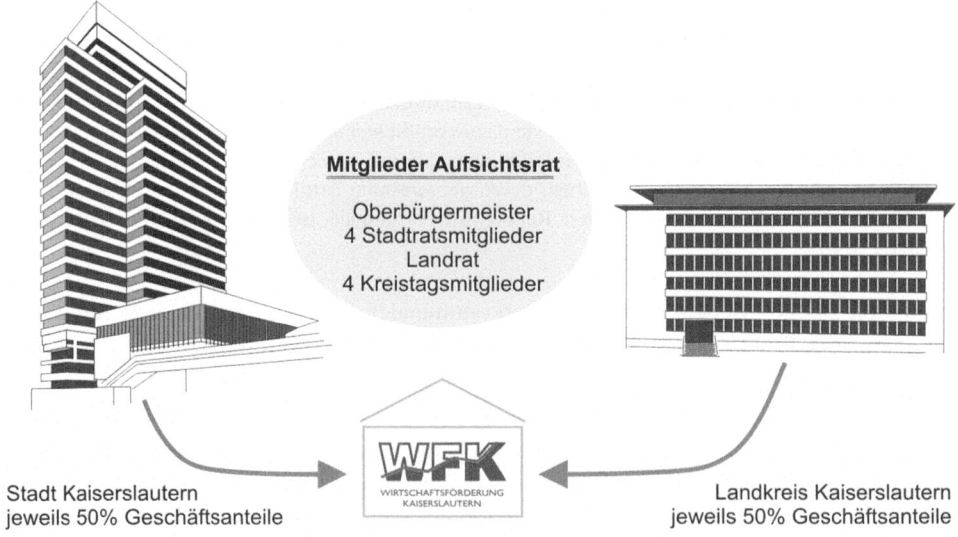

Abb. 2.12 Interkommunale Kommunikation am Beispiel der WFK (eigene Darstellung 2013)

Mit Gründung der gemeinsamen Kapitalgesellschaft wurden die folgenden Ziele verfolgt:

- Bündelung von Kräften und Ressourcen
- Eine erweiterte Möglichkeit zur Spezialisierung. Durch die Erhöhung der Größe wollte man so die Chance zu einer verstärkten Arbeitsteilung und Differenzierung erzielen.
- Überwindung einer partiellen Flächenknappheit
- Bessere Möglichkeiten einer großflächigen Gestaltung der Wirtschaftsregion Kaiserslautern
- Weg von dem verbreiteten Kirchturmdenken.

Neben diesen rechtlichen Vorteilen ergeben sich aus der wirtschaftsnahen interkommunalen Kooperation einige Nachteile:

- Größerer Abstimmungsbedarf und Koordinierungsaufwand.
- Durch die Erhöhung der involvierten Akteure erhöht sich auch die Wahrscheinlichkeit unterschiedlicher Interessenslagen.
- Gesellschafter können sich im Konfliktfall gegenseitig blockieren, sodass eine aktive kommunale Wirtschaftsförderung partiell behindert werden kann.

Gesellschafter der Wirtschaftsförderungsgesellschaft Stadt und Landkreis Kaiserslautern sind mit jeweils 50 % die Stadt und der Landkreis Kaiserslautern. Die interkommunale Abstimmung erfolgt primär im Aufsichtsrat und in der Gesellschafterversammlung. Dem Aufsichtsrat gehören neben dem Oberbürgermeister der Stadt Kaiserslautern und dem Landrat des Landkreises Kaiserslautern auch vier Stadtratsmitglieder und vier Kreistagsmitglieder an. Die Stadtrats- und Kreistagsmitglieder werden jeweils von dem Stadtrat und dem Kreistag in den Aufsichtsrat der GmbH entsendet. Stadtrat und Kreistag sind berechtigt, ihren in den Aufsichtsrat der GmbH entsandten Mitgliedern Weisungen zu erteilen, d. h. ihnen bei konkreten Abstimmungen vorzugeben, wie abzustimmen ist.

Auf Basis der Wirtschaftsförderungskooperation haben die Stadt und der Landkreis Kaiserslautern auch ein interkommunales Industrie- und Gewerbegebiet entwickelt, das auch ein gemeinsames Standortmarketing, die gemeinsame Akquise von neuen Unternehmen sowie eine gemeinsame Bestandspflege vorsieht.

Dabei handelt es sich um das Industriegebiet Nord. Die Idee zur Begründung dieses Industriegebietes wurde Anfang der 90er-Jahre entwickelt. Damals hatte das für Kaiserslautern größte und bedeutendste Unternehmen, die Pfaff Industriesysteme und Maschinen AG, gegenüber der Stadt Kaiserslautern kommuniziert, dass man einen neuen Standort benötige, um weiterhin konkurrenz- und wettbewerbsfähig zu bleiben. Notwendige räumliche Veränderungen und Modernisierungsmaßnahmen seien am alten Standort nicht mehr durchführbar.

Kurze Zeit zuvor war ein Ansiedlungswunsch des Unternehmens Heidelberger Druckmaschinen AG insbesondere aufgrund des Fehlens eines baureifen Geländes fehlgeschlagen. Die bereits sicher geglaubte Ansiedlung des äußerst renommierten Unternehmens rüttelte die politischen Entscheidungsträger sowie die bis dahin mit der Wirtschaftsförderung betrauten Akteure auf.

Schnell fand sich der Konsens, dass es zur Ansiedlung attraktiver Unternehmen bereits entwickelter Standorte und einer Vorratserschließung bedarf.

Diese Notwendigkeit zur Vorratserschließung kann als gar nicht bedeutend genug erachtet werden. Ein wichtiger Grund liegt darin, dass Investoren oftmals unter einem hohen Zeitdruck stehen und fertig erschlossene Grundstücke einen bereits realisierten Zwischenstopp bei der Entwicklung des Grundstücks darstellen. Umgekehrt ist dennoch nicht erschlossenen Grundstücken jeweils das Risiko immanent, dass bei der tatsächlichen Erschließung Schwierigkeiten, beispielsweise rechtlicher Natur, auftreten.

Daher kam es zu dem Kauf mehrerer Grundstücke durch die Stadt Kaiserslautern, teilweise auch gegen den Widerstand der jeweiligen Eigentümer. In diesem Zusammenhang kam es zu mehreren Gerichtsverfahren.

Im Jahr 1995 wurde schließlich der Bebauungsplan genehmigt. Die Erschließung umfasste zunächst 90 Hektar Industriefläche, bei einer Gesamtfläche von 160 Hektar.

1996 konnte der in diesem Zusammenhang stehende Rechtsstreit beigelegt werden. Die Erschließung des sogenannten IG Nord geht einher mit dem Ausbau der L 367 auf vier Spuren und mit kreuzungsfreien Abfahrten in Siegelbach und im IG Nord.

Im Jahr 1998 wurde das erste Unternehmen im IG Nord angesiedelt. Es handelte sich dabei um ein Speditionsunternehmen.

Weitere Ansiedlungen der ersten Stunde waren die Firmen ALSCO und Jeblick. Auch mit dem Unternehmen Pfaff wurde sehr früh ein Ansiedlungsvertrag geschlossen und hierfür über einige Jahre Optionsflächen vorgehalten.

Im Weiteren entwickelte sich das IG Nord äußerst erfreulich. Die Erweiterung in westliche Richtung (nach Rodenbach) wird nunmehr vorangetrieben. Hierbei verlässt das Industriegebiet Nord die Grenzen der Stadt Kaiserslautern und expandiert in den Landkreis Kaiserslautern. Es entsteht ein interkommunales Industriegebiet (Abb. 2.13).

Besondere Bedeutung hatte die ökonomische Situation der Stadt Kaiserslautern zu Beginn der 90er-Jahre, also zu einem Zeitpunkt, an welchem die Entwicklung des IG Nord als notwendig erachtet wurde:

die Arbeitslosenquote betrug damals in der Stadt Kaiserslautern rund 10 % mit steigender Tendenz.

In Folge der Wiedervereinigung und der damit verbundenen geostrategischen Auswirkungen kam es zu einem breiten Abbau ziviler Arbeitsplätze bei den US-amerikanischen und französischen Streitkräften.

Gleichzeitig verloren viele Arbeitnehmerinnen und Arbeitnehmer der beiden größten in der Region Kaiserslautern angesiedelten Unternehmen, nämlich Opel und Pfaff, ihre Arbeitsplätze.

Wie bereits ausgeführt, wurden sich die politischen Entscheidungsträger insbesondere nach der missglückten Ansiedelung der Heidelberger Druckmaschinen AG immer bewusster, dass neue Industrieflächen ausgewiesen werden mussten. Der Leidensdruck hatte nunmehr eine für Veränderungen und Aktionen notwendige Stärke erreicht.

Der Verlagerungswunsch des größten kommunalen Arbeitgebers Pfaff konnte vor diesem Hintergrund gerne nachgegeben werden (Abb. 2.14).

2.4 Interkommunale Kooperationen auf den Gebieten Verwaltung und Wirtschaftsförderung 45

Abb. 2.13 Industriegebiet Nord Kaiserslautern Nr. 1 (Archiv WFK)

Bis zum heutigen Tag konnten insgesamt 23 Unternehmen im IG Nord angesiedelt werden. Diese Unternehmen beschäftigen rund 1.400 Personen. Die augenblicklich verfügbare Restfläche beträgt 4 Hektar, davon sind 3,5 Hektar zusammenhängend.

Durch die nunmehr anstehende Erweiterung soll das IG Nord um insgesamt 35 Hektar anwachsen. Davon entfallen 22 Hektar auf die Stadt Kaiserslautern und 13 Hektar auf den Landkreis Kaiserslautern.

Die Weiterentwicklung des IG Nord kam durch Anregung der Wirtschaftsförderungsgesellschaft Kaiserslautern zustande. Insbesondere wurde durch die WFK eine Kooperation zwischen der Stadt und dem Landkreis Kaiserslautern angeregt.

Doch wie vollzog sich das Prozedere im Einzelnen?

Zunächst bat die WFK einzelne interessierte Unternehmen um eine schriftliche Interessensbekundung, die von den jeweiligen Unternehmen auch vorgelegt wurden.

Auch hier war es wichtig, das im Rahmen von Beratungsgesprächen erhaltene Wissen (konkret um den Mangel an geeigneten Flächen) exakt zu dokumentieren und gegenüber den politischen Entscheidungsträger zu kommunizieren.

Daneben erscheint es sinnvoll, Flächenbedarf und Flächenerweiterungspläne regelmäßig bei den kommunalen Unternehmen abzufragen, um so nicht von diesbezüglichen Anfragen der Firmen überrascht zu werden.

Mit der doppelten Kooperation in der Region Kaiserslautern (gemeinsame Wirtschaftsförderung und gemeinsames Industriegebiet) ist es gelungen, die ökonomischen

Erweiterung Industriegebiet Nord

Wegen der sehr starken Nachfrage nach Industriegelände in unserer Region haben die Stadt Kaiserslautern und die Gemeinde Rodenbach einen interkommunalen Kooperationsvertrag geschlossen. Dieser dient zur langfristigen und vorausschauenden Flächenbevorratung für die Ansiedlung großflächiger Industriebetriebe. Das Industriegebiet Nord wird mit einer Nettobaufläche von etwa 30 Hektar erweitert.

Kaufpreis:

Richtwert: ein Quadratmeter 30 Euro, voll erschlossen.

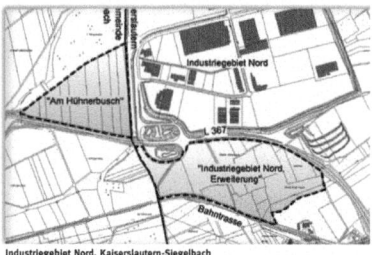

Industriegebiet Nord, Kaiserslautern-Siegelbach

Nutzungsprofil:

Das Industriegebiet wurde vorrangig für die Ansiedlung von produzierenden Unternehmen und Logistikern erschlossen.

Gut zu erreichen...

...mit dem Auto
- Direkt an der L367 (vierspurige Schnellstraße)
- 4 km zur A6

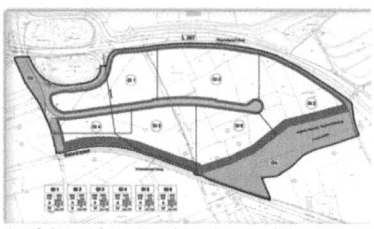

Geografische Lage Industriegebiet Nord, Kaiserslautern-Siegelbach

...mit der Bahn
- Industriestammgleis (geplant)
- Containerumschlagplatz 7 km
- Hauptbahnhof Kaiserslautern 8 km
- EC-Systemhalt, Haltepunkt der Schnellbahnlinie Paris–Kaiserslautern–Mannheim–Frankfurt

Kontakt

Wirtschaftsförderungsgesellschaft Stadt und Landkreis Kaiserslautern mbH

Fruchthallstraße 14
D-67655 Kaiserslautern

Tel.: +49 (0)631 / 37124-0
Fax: +49 (0)631 / 37124-1825

wfk@kaiserslautern.de
www.wfk-kl.de

...mit dem Flugzeug
- Flughafen Saarbrücken 60 km
- Flughafen Frankfurt 100 km
- Flughafen Hahn 90 km

Eine lebendige Großstadt, ein gutes Umfeld zum Leben

Die Stadt Kaiserslautern bietet die gesamte Infrastruktur einer Großstadt. Unsere technisch orientierte Universität und ebensolche Fachhochschule mit zusammen rund 12.000 Studierenden sind die Basis für boomende Aktivitäten im Bereich Forschung und Entwicklung, insbesondere in der Informationstechnologie. Ein überdurchschnittlicher Anteil unserer Unternehmen ist dem High-Tech-Sektor zuzuordnen.

Technische Eckdaten

Stadt KL:
- Bruttobaufläche 23 ha
- Nettobaufläche 16 ha
- GRZ 0,8; GFZ 2,4
- Vollgeschosse ---
- BMZ ---

Rodenbach
- Bruttobaufläche 12 ha
- Nettobaufläche 10 ha

www.wfk-kl.de

Abb. 2.14 Industriegebiet Nord Kaiserslautern Nr. 2 (http://www3.kaiserslautern.de/wfk-kl/media/Gewerbegebiete/05_IG-Nord_Erweiterung.pdf)

Interessen zweier unterschiedlicher Gebietskörperschaften, nämlich der Stadt Kaiserslautern und des Landkreises Kaiserslautern miteinander zu verknüpfen.

Im Bereich des erweiterten Industriegebietes profitieren sowohl die Stadt Kaiserslautern als auch der Landkreis Kaiserslautern von zukünftigen Ansiedlungen. Wie wird dies umgesetzt?

Nach einem bestimmten Schlüssel erhalten sowohl die Stadt als auch der Landkreis zukünftig die Gewerbesteuereinnahmen von den im erweiterten Teil des Industriegebietes angesiedelten Unternehmen. Dadurch wird eine Konkurrenzbeziehung der beiden beteiligten Gebietskörperschaften vermieden. Es kommt zu einer gemeinsamen Interessenslage, was für die weitere Kooperation unabdingbar erscheint.

Hätte jede der beiden Gebietskörperschaften auf die vollständigen Gewerbesteuereinnahmen des jeweiligen Teilsegmentes innerhalb des Industriegebietes bestanden, so wäre eine permanente Konkurrenzsituation aufgebaut worden.

Ebenso wäre die WFK als Vermarkterin des Gewerbegebietes, in einen nur schwer lösbaren Interessenskonflikt gezogen worden. Das alte Bibelwort, wonach man nicht zwei Herren (in diesem Fall Gesellschaftern) gleichzeitig dienen kann, hätte unter Umständen Aktualität erfahren.

Welchen Teil des IG Nord hätte ein Mitarbeiter der WFK einem anfragenden Unternehmen guten Gewissens anbieten können?

Obgleich die WFK mittlerweile eine mehr als zwanzigjährige Erfahrung auf dem Felde einer gemeinsamen kommunalen Wirtschaftsförderung aufweist, sind auch strukturelle Gefahren dieser Kooperation nicht vollständig gebannt.

Dabei hat die Erfahrung gelehrt, stets transparent mit Ansiedlungen und ihrem jeweiligen Prozedere umzugehen. Gefahr geht regelmäßig von Unternehmensumsiedlungen von der Stadt Kaiserslautern in den Landkreis Kaiserslautern und vom Landkreis Kaiserslautern in die Stadt Kaiserslautern aus. Bei dieser Konstellation gibt es automatisch Gewinner und Verlierer.

Gewinner könnten leicht dazu tendieren, ihren ökonomischen Erfolg auch politisch geltend zu machen und damit offensiv an die regionale Öffentlichkeit heranzutreten. Umgekehrt würden die Verlierer damit Gefahr laufen, sich für die Umsiedlung des Unternehmens rechtfertigen zu müssen.

Dieser Grundstruktur scheinen sich die politischen Entscheidungsträger in der Region Kaiserslautern sehr bewusst zu sein. So wurden in den vergangenen Jahren innerregionale Verschiebungen von Unternehmen nicht offensiv kommentiert und auch nicht als Gewinn hervorgehoben.

Sie verhalten sich vorbildlich und versuchen, keinen politischen Profit aus der innerregionalen Umsiedlung zu ziehen.

Bei der Installierung einer regionalen Kooperation im Bereich von Wirtschaftsförderung und gemeinsamen Industriegebieten erscheint dieser

Aspekt als besonders nachahmenswert, da seine Nichteinhaltung leicht zu einem ernsthaften Konflikt zwischen den potenziellen Kooperationspartnern und einem Scheitern der Kooperation führen könnte.

Ebenso ist es wichtig, dass sich die politischen Entscheidungsträger zusammen mit den Vertretern der Wirtschaftsförderung in regelmäßigen Abständen zu sogenannten strategischen Treffen zusammenfinden. Dabei gilt es zu eruieren, wie die spezifischen Interessenslagen der involvierten Akteure sind. Davon ausgehend sind mögliche Überschneidungen der Interessen abzustecken bzw. herauszuarbeiten.

Folgt man diesem Weg, so lässt sich das Gestaltungspotenzial einer Region in der Regel deutlich erhöhen. Gleich dem traditionellen Motto der Genossenschaften „Vereint sind auch die Schwachen mächtig", lassen sich die regionale Schlagkraft erhöhen und Projekte entwickeln, zu denen die einzelne Gebietskörperschaft nicht oder nur unter schwersten Anstrengungen in der Lage wäre.

Der Preis dieser höheren Gestaltungsmöglichkeiten und der verbesserten Flächenausnutzung liegt in dem Aufwand der Kooperation und in der Gefahr einer wechselseitigen Blockade, insbesondere in dem Augenblick, in dem schnelles und entschiedenes Handeln notwendig und geboten wäre.

Doch zurück zur Weiterentwicklung des IG Nord.

In einem zweiten Schritt erfolgte die Prüfung und anschließende Genehmigung durch das rheinland-pfälzische Wirtschaftsministerium (Abb. 2.15).

Mit der Erweiterung des IG Nord wurde der Weg einer gemeinsamen Trägerschaft von Standortgemeinden geschaffen.

Dieser Weg weist eine lange Tradition auf. Die ersten Industrieparks wurden Ende des 19. Jahrhunderts beispielsweise in Manchester (1896) und in Chicago (1899) geschaffen.

In Deutschland gibt es Industrieparks seit den 60er-Jahren des zwanzigsten Jahrhunderts. Der erste bundesdeutsche Industriepark wurde im Jahre 1963 geschaffen.

Exkurs: Technologie und Gründerzentren in Deutschland
Seit dem Jahr 1983 gibt es auch in der Bundesrepublik Deutschland Gründungszentren. Zunächst wurde in Berlin das Berliner Innovations-und Gründerzentrum gegründet. Vgl. Häußermann und Siebel (1987, S. 126)

Zwischenzeitlich sind als Träger dieser Einrichtungen Städte und Gemeinden ebenso in Erscheinung getreten wie Landkreise, Industrie- und Handelskammern, Unternehmen, kommunale Sparkassen, Universitäten, Fachhochschulen und Banken. Die regionale Verteilung der Gründerzentren ist bundesweit recht heterogen.

Resümee

Die konstruktive, regelmäßige und institutionalisierte Beschäftigung der Verwaltungen und Wirtschaftsförderungseinrichtungen mit dem Thema „Serviceorientierung" kann entscheidende Wettbewerbsvorteile für die servicefreundlich ausgerichteten Regionen generieren. Diejenigen Regionen, die durch eine Orientierung am Kunden, also auch an den Unternehmen, im Rahmen der rechtlichen Möglichkeiten auf deren Wünsche und Belange eingehen, schaffen zusätzliche Standortvorteile, die mitentscheidend für mögliche Ansiedelungen oder Erweiterungen von Firmen am Standort sind.

2.4 Interkommunale Kooperationen auf den Gebieten Verwaltung und Wirtschaftsförderung

Abb. 2.15 Industriegebiet Nord Kaiserslautern Nr. 3 (Archiv WFK)

Das Wissen um derartige Zusammenhänge gilt es zukünftig vermehrt innerhalb von Verwaltungen und Wirtschaftsförderungseinrichtungen zu thematisieren und insbesondere auch den Nachwuchskräften zu verdeutlichen.

Gerade der zielgerichtete Dialog zwischen Verwaltungen und Unternehmen kann dazu beitragen, wechselseitige Vorurteile abzubauen und eine prosperierende ökonomische Entwicklung als gemeinsame Aufgabe anzusehen. Gelingt es zudem, ökologischen Aspekten im Sinne einer nachhaltigen Entwicklung Rechnung zu tragen, bietet dies am ehesten die Chance einer zukunftsfähigen Ausrichtung der jeweiligen Region.

Kontroll- und Lernfragen
Aufgabe 1
Arbeitsanweisung:
Lesen Sie bitte zunächst das unten aufgeführte Szenario und bearbeiten Sie die beigefügte Aufgabenstellung.

Der Text versetzt Sie in die Lage eines Wirtschaftsförderers und soll Ihnen ermöglichen, dessen Perspektive einzunehmen.

Arbeitsauftrag:
Erarbeiten Sie für den folgenden Problemfall eine Lösung. Ihr Text sollte einen Umfang von mindestens 5 Seiten haben.

Szenario:
Sie arbeiten seit zwei Monaten als Leiter der WiFö Musterhausen. Ihr Vorgänger Herr Einsam war verschlossen und wenig engagiert. Er versuchte stets Einblicke von außen in seine Arbeit zu vermeiden. Nicht zuletzt deshalb wurde sein Arbeitsvertrag nicht verlängert.

Jetzt haben Sie von Ihrem Oberbürgermeister den Auftrag bekommen, ein Konzept (mind. 5 Seiten) zu erstellen, das auf eine intensivere Kommunikation und Interaktion zwischen WiFö und Verwaltung abstellt.

Das Konzept soll v. a. die folgenden Inhalte berücksichtigen:
a) Relevante Ämter und deren Leitungspersonal
b) Arten der vorgeschlagenen Kooperation
c) Organisatorischer Aufwand der jeweiligen Kooperation
d) Rollen- und Arbeitsverteilung innerhalb der Kooperationen
e) Möglichkeiten der Dokumentation der Ergebnisse und Überprüfung der Zielerreichung

Mit einem Augenzwinkern sagt Ihnen Oberbürgermeister Dr. Mächtig in einem Vieraugengespräch, dass viele seiner Amtsleiter große Vorbehalte gegenüber regelmäßigen Treffen mit anderen Verwaltungseinheiten hätten. Insbesondere für Wirtschaftsthemen und die Belange von Unternehmen bestünde wenig Interesse. Er bittet Sie, Argumente zu suchen, die die Amtsleiter überzeugen können.

Amtsleiter Starr, ein überzeugter Denkmalschützer, steht vielen Kooperationen kritisch gegenüber. Er fühlt sich und sein Amt oft nicht ernst genommen und tritt somit immer lautstark und überzeugend gegen jegliche bauliche Änderungsmaßnahme ein.

Amtsleiter Müde vom Bauamt steht Veränderungen und neuen Konzepten immer sehr kritisch gegenüber. Seiner Meinung nach schaffen Neuerungen nur mehr Arbeit und führen meistens zu keinem brauchbaren Ergebnis.

Amtsleiterin Fröhlich für Stadtentwicklung tritt neuen Ideen und Kontakten offen gegenüber. Sie arbeitet für Weiterentwicklungen in vielen Bereichen. Oft sind ihre Ideen jedoch nicht sehr ausgereift und werden überstürzt umgesetzt, wodurch sie meistens scheitern.

Amtsleiter Rau vom Amt für Recht und Ordnung ist prinzipiell offen für Kooperationen und Innovationen. Dabei arbeitet er jedoch immer starr nach Vorschrift und erschwert somit oft neue Lösungswege und Kooperationen. Aus diesem Grund scheint er für seine Mitarbeiterinnen und Mitarbeiter ein Mensch zu sein, mit dem man nicht gut zusammenarbeiten kann.

2.4 Interkommunale Kooperationen auf den Gebieten Verwaltung und Wirtschaftsförderung

Aufgabe 2
Arbeitsanweisung:
Lesen Sie bitte zunächst das unten aufgeführte Szenario und bearbeiten Sie die beigefügte Aufgabenstellung.
Der Text versetzt Sie in die Lage einer Wirtschaftsförderin und soll Ihnen ermöglichen, deren Perspektive einzunehmen.
Arbeitsauftrag:
Erarbeiten Sie für den folgenden Problemfall eine Lösung. Ihr Text sollte einen Umfang von mindestens 3 Seiten haben.
Szenario:
Frau Schnell hat es geschafft, das große Unternehmen Ausverkauf zu einer Ansiedlung zu bewegen. Dieser Erfolg wurde dank langer Verhandlungen und Kooperationen mit verschiedenen Ämtern ermöglicht. Durch diese Ansiedlung wurden nicht nur viele Arbeitsplätze geschaffen, das Unternehmen engagiert sich auch aktiv für kulturelle Events in der Stadt und tritt als Sponsor bei den örtlichen Vereinen auf.
Frau Schnell überlegt nun, wie sie die Geschichte den Medien gegenüber „verkaufen" soll.
Aufgabenstellung:
Versetzen Sie sich in die Lage von Frau Schnell. Was spricht für

a) einen Alleingang
b) für Gruppeninterviews mit allen involvierten Akteuren
    Beschreiben Sie außerdem welche Auswirkungen die Wege a) bzw. b) für spätere Kooperationen haben könnten.

Aufgabe 3
Arbeitsanweisung:
Lesen Sie bitte zunächst das unten aufgeführte Szenario und bearbeiten Sie die beigefügte
Aufgabenstellung:
Der Text versetzt Sie in die Lage einer Wirtschaftsförderin und soll Ihnen ermöglichen, deren Perspektive einzunehmen.
Szenario:
„Oberbürgermeister Mächtig bemerkt immer wieder die Wirtschaftsferne seiner Amtsleiter. Als Oberbürgermeister würde er gerne mehr Wachstum fördern und die Arbeitsplätze in der Region sichern. Er wendet sich an eine auf Personal- und Organisationsentwicklung spezialisierte Unternehmensberatung und gibt ein entsprechendes Gutachten in Auftrag mit dem Titel: „Nachhaltige Personalentwicklung von zukünftigen Führungskräften der Verwaltung mit dem Ziel einer Steigerung der ökonomischen Kompetenz, Sensibilisierung für wirtschaftliche Belange und Förderung der Bereitschaft zur interkommunalen Kooperation."

Der Text versetzt Sie in die Lage eines Unternehmensberaters und soll Ihnen ermöglichen dessen Perspektive einzunehmen.

Aufgabenstellung:
Unterstützen Sie die Unternehmensberatung bei der Erstellung des Gutachtens unter Verwendung der folgenden Stichworte:
a) Vermittlung von Einblicken in das Wirtschaftswachstum durch:
   1. Exkursionen in Betriebe
   2. Einladung von Praktikanten aus Unternehmen zu Vorträgen in der Verwaltung
   3. Schulungseinheiten BWL oder VWL
   4. Kontakt zu gleichaltrigen Mitarbeitern von Betrieben (interdisziplinär)
b) Kennenlernen von Ämtern mit ausgeprägten Kontakten zu Unternehmen
c) Planspiele: wechselnde Rollenübernahme von
   1. Unternehmen
   2. Verwaltung
   3. WiFö
d) Verwaltungsvorschlagswesen:
   Prämie und öffentliche Belobigung für die besten auf Verwaltungs- und Unternehmensdialog abzielenden Vorschläge.
e) Förderung von Seiteneinsteigern mit Wirtschaftserfahrung in die Verwaltung im Rahmen der gesetzlichen Möglichkeiten (Einsatz von Verwaltungsmentoren zur Förderung der Seiteneinsteiger).

Aufgabe 4
Arbeitsanweisung:
Lesen Sie bitte zunächst das unten aufgeführte Szenario und bearbeiten Sie die beigefügte Aufgabenstellung.

Der Text versetzt Sie in die Lage eines noch unerfahrenen Wirtschaftsförderers und soll Ihnen ermöglichen, deren Perspektive einzunehmen.

Arbeitsauftrag:
Erarbeiten Sie für den folgenden Problemfall eine Lösung. Ihr Text sollte einen Umfang von mindestens 2 Seiten haben.

Szenario:
Lina Lustig ist 23 Jahre alt und hat vor wenigen Monaten einen Bachelor mit Schwerpunkt Volkswirtschaftslehre erhalten. Seit drei Wochen ist sie Mitarbeiterin der Wirtschaftsförderungsgesellschaft Oberheinzbach. Ihre anfängliche Euphorie ist einer gewissen Ernüchterung gewichen. Konkret stellt sich die Lage wie folgt dar:

Das Personal der Wirtschaftsförderung Oberheinzbach wurde in den vergangenen fünf Jahren von vier auf zwei Mitarbeiter reduziert. Neben Frau Lustig gibt es nur noch ihren Vorgesetzten Herrn Langmut, der jedoch wenig kundenorientiert arbeitet und dessen Arbeitsweise als „resigniert bürokratisch" bezeichnet werden kann.

2.4 Interkommunale Kooperationen auf den Gebieten Verwaltung und Wirtschaftsförderung

Frau Lustig würde gerne mehr über ihre Kunden und deren wirtschaftsförderungsbezogenen Wünsche wissen, jedoch findet sie in Herrn Langmut einen zwar geduldigen doch wenig hilfreichen Ansprechpartner.

Konkret führt Langmut aus, dass er Frau Lustig hinsichtlich der von ihr gewünschten stärkeren Kunden- und Serviceorientierung nicht bremsen möchte. Allerdings könne sie von ihm dahingehend keine Unterstützung erwarten.

Nach dem Gespräch mit Herrn Langmut überlegt Lustig, ob sie ihrem Wunsch nach einer weiteren Serviceorientierung nachgehen oder sich an der Arbeitseinstellung von Herrn Langmut orientieren sollte.

Aufgabenstellung:
Was würden Sie Frau Lustig empfehlen?
Was spricht für den innovativen, serviceorientierten Weg?
Was spricht für den traditionellen Weg?

Aufgabe 5
Durchführung eines Rollenspiels
Arbeitsanweisung:
Lesen Sie bitte zunächst das unten aufgeführte Szenario. Übernehmen Sie eine der fünf im Weiteren aufgeführten Rollen.

Nach der Lektüre des Szenarientextes erstellen Sie bitte ein auf die jeweils übernommene Rolle abstellendes Konzept. (15 Minuten).

Danach erfolgt die Diskussion (15 Minuten).

Dann werden alle fünf Diskussionspartner im Plenum zu der Wahrnehmung ihrer spezifischen Rolle befragt. (15 Minuten).

Ergebnisbesprechung (15 Minuten).

Szenario:
Vertreter des Unternehmens Rasant Food AG haben ihr Interesse an der Ansiedlung in Ihrer Kommune angekündigt. Es handelt sich um ein Unternehmen mit derzeit 300 Arbeitskräften, das an Ihrem Standort nochmals 40 Arbeitsplätze zumeist in der Herstellung von Fertiggerichten, schaffen möchte.

Sowohl der Oberbürgermeister als auch der Stadtrat haben ebenfalls großes Interesse an dieser Ansiedlung. Welche Probleme stehen der Ansiedlung augenblicklich (noch) im Wege?

Anbei eine Übersicht der weiteren relevanten Akteure und deren jeweilige Interessenslage:
Akteure:
Dr. Mächtig – Oberbürgermeister
Fr. Schnell – Geschäftsführerin der WiFö GmbH
Fr. Grob – Leitung Bauamt
Hr. Listig – Leitung Stadtentwicklung
Hr. Müde – Leitung Kulturamt
Kooperationsmedium: Runder Tisch
Leitung: Dr. Mächtig

Aufgabe 6
Lesen Sie bitte zunächst den Text von Max Weber „Legale Herrschaft".
Beantworten Sie die beigefügten Fragen. Insgesamt sollten Sie mind. 2 Seiten schreiben.
Aufgabenstellungen:
1. Welche Herrschaftsformen gibt es nach Max Weber? Nennen und beschreiben Sie die jeweiligen Herrschaftstypen und nennen Sie dazu jeweils ein Beispiel.
2. Weshalb ist die charismatische Herrschaft bei fehlendem Erfolg des Herrschers besonders gefährdet?
3. Nennen Sie die Vor- und Nachteile der bürokratisch aktenmäßigen Verwaltung.

Aufgabe 7
Was ist die Verwaltung Ihrer Wahl und was ist die Verwaltung Ihrer Qual?
Aufgabenstellungen:
Beantworten Sie die beigefügten Fragen. Insgesamt sollten Sie mind. 2 Seiten schreiben.
Bitte nehmen Sie nacheinander die folgenden Perspektiven ein:
a) Bürger
b) Geschäftsführer einer privatwirtschaftlichen GmbH
c) Behördenleiter
d) Sachbearbeiter Behörde

Aufgabe 8
Arbeitsanweisung:
Bearbeiten Sie die folgenden Fragen, indem Sie Ihre Antworten auf die ausgehändigten Karten schreiben.
 Pro Frage haben Sie ca. fünf Minuten Zeit.
Aufgabenstellung:
Was spricht für eine Kooperation zwischen Verwaltung und Wirtschaftsförderung?
Was spricht gegen eine Kooperation zwischen Verwaltung und Wirtschaftsförderung?
Wo liegen die Grenzen zwischen Verwaltung und Wirtschaftsförderung?

Aufgabe 9
Durchführung eines Rollenspiels
Arbeitsanweisung:
Lesen Sie bitte zunächst das unten aufgeführte Szenario. Übernehmen Sie eine der fünf im Weiteren aufgeführten Rollen.
 Nach der Lektüre des Szenarientextes erstellen Sie bitte ein auf die jeweils übernommene Rolle abstellendes Konzept. (15 Minuten).
 Danach erfolgt die Diskussion (15 Minuten).
 Dann werden alle fünf Diskussionspartner im Plenum zu der Wahrnehmung ihrer spezifischen Rolle befragt. (15 Minuten).
 Ergebnisbesprechung (15 Minuten).

2.4 Interkommunale Kooperationen auf den Gebieten Verwaltung und Wirtschaftsförderung

Szenario:
Die Kommune Musterhausen hat die große Chance auf die Ansiedlung eines großen Industriebetriebes.

Herausforderung:
Der Betrieb besteht auf die Erteilung von Baugenehmigungen und weiteren Genehmigungen innerhalb von wenigen Monaten.

Falls Vorgaben von der Kommune nicht erfüllt wird, droht der Betrieb mit einer Ansiedlung in der Nachbarkommune.

Interessenslage der involvierten Akteure:
1) Verwaltungschef:
   - tendenziell an wirtschaftlichem Erfolg, Ansiedlungen und Kooperation von Verwaltung und WiFö interessiert.
   - möchte in zwei Jahren als Oberbürgermeister wiedergewählt werden.
   - Gesamtüberblick, Abwägung von verschiedenen Einzelaspekten und Zielkonflikten (z. B. Wirtschaft vs. Umwelt, Wirtschaft vs. Kultur bspw. Denkmalschutz).
2) Leitung WiFö:
   - benötigt wirtschaftlichen Erfolg
   - Arbeitsergebnis wird an Zahl der Ansiedlungen, Arbeitsplätze etc. gemessen
   - Arbeitsplatzsicherheit geht bei GmbH-Geschäftsführer mit wirtschaftlichem Erfolg der Region einher
3) Mitarbeiter WiFö:
   - ähnlich wie bei Leitung WiFö
   - bei unbefristeten Arbeitsverträgen wird Zusammenhang zwischen regionalem ökonomischen Erfolg und der jeweiligen Arbeitsplatzsicherheit evtl. nicht so klar wie bei der Leitung gesehen.
4) Amtsleiter außerhalb der WiFö:
Interessenslage unklarer als bei 1, 2 sowie 3 und von vielen organisationsinternen und individuellen Faktoren abhängig

Beispiele von Faktoren:
- Nähe – Ferne zu Verwaltungschef
- interne Karriereambitionen
- generelle Einstellung gegenüber Kooperation (bisherige Erfahrungen mit ämterübergreifender Kooperation)
- Engagement und Arbeitsmotivation (Dienst nach Vorschrift oder Interesse an guten Ergebnissen)
- ökonomisches Hintergrundwissen
- Einstellung gegenüber regionalen Unternehmen und deren Belangen

Es bleibt anzumerken, dass die Organisation eines Runden Tisches von der WiFö übernommen wird. Die Gesprächsleitung obliegt dem Verwaltungschef.

Bei Ihrer Konzeptionierung sollten Sie versuchen, die folgenden Inhalte zu berücksichtigen:
- Interessenslagen der Akteure
- Organisatorische Interessen
- Meilensteine bei der Prozessgestaltung
- Transparente Prozessgestaltung (z. B. mittels Netzplantechnik)
- Controlling und Berichtswesen
- prüfen: informelle Einzelgespräche im Vorfeld

Aufgabe 10
Arbeitsanweisung:
Lesen Sie zunächst aufmerksam den Text von Uwe Schimank „Gruppen und Organisationen" in: Hans Joas (2001) „Lehrbuch der Soziologie", Seite 199–222.
Beantworten Sie die beigefügten Fragen Schimanks.
Für alle 8 Fragen (3 + 5) zusammen sollten Sie mindestens 8 Seiten schreiben.
1) „Zeigen Sie, dass die vier Merkmale sozialer Gruppen auch für eine Gruppe gelten, der Sie angehören!
2) Zeigen Sie an der gleichen oder einer anderen Gruppe, dass sie die vier Phasen des in diesem Kapitel skizzierten Entscheidungsprozesses durchlief, wenn sie mit einem Problem konfrontiert war!
3) Wenden Sie Webers idealtypisches Bürokratiemodell auf eine formale Organisation an, die Sie gut kennen!" Schimank (2001, S. 221).
   1) „Versuchen Sie nach der Lektüre des Abschnitts über die Gruppengröße zu bestimmen, wie groß eine Gruppe allenfalls sein darf, wenn sie nicht ineffektiv werden soll! Erläutern sie ihre Gründe! Ziehen sie eigene Erfahrungen heran!
   2) Denken Sie an drei Gruppen, denen Sie angehören! Bestimmen Sie für jede, ob die expressive oder instrumentelle Führung in ihr maßgeblich war! Erklären Sie warum!
   3) Manche behaupten, die Bürokratie werde zum Totengräber des modernen gesellschaftlichen Lebens. Führen Sie ein Argument für und wider dieser Behauptung an!
   4) Welche Gründe sprechen dafür, eine Universität als eine Organisation anzusehen, die sich wandelnden Umweltgegebenheiten anzupassen vermag – und was spricht mehr für eine fehlende Anpassungsfähigkeit?
   5) Manche meinen, die westlichen Länder sollten dem japanischen Modell formaler Organisationen folgen; andere halten dagegen, dass es im Westen nicht sehr gut funktionieren würde. Verwenden Sie Ihr Wissen über die westliche Kultur, um ihre Ansichten zu erläutern!" Schimank (2001, S. 221).

Aufgabe 11
Grenzen der kommunalen Wirtschaftsförderung
- Wo liegen nach Ihrer Meinung die Grenzen kommunaler Wirtschaftsförderung?
- Bitte nehmen Sie bei der Beantwortung der Frage Bezug auf ökologische, finanzielle, personelle und organisatorische Aspekte.

Beantworten Sie die beigefügte Frage. Seitenumfang: mind. 3
Bitte diskutieren Sie, falls möglich, die Frage auch mit anderen Personen.
Bitte nehmen Sie bei Ihrer Antwort auch Bezug auf den Begriff des „nachhaltigen Wirtschaftens". Woher stammt der Begriff?

Aufgabe 12
Recherche: Top 10 für Wirtschaftsförderung
  Wissen aus digitalen Quellen prägt auch unser Arbeitsleben in einem beträchtlichen Umfang. Insbesondere das Internet wurde in den vergangenen Jahren zu einem immer wichtigeren Medium.
  Bitte legen Sie sich eine Liste der 10 Ihnen am wichtigsten erscheinenden Internetseiten zum Thema „Wirtschaftsförderung" an.
Geben Sie weiterhin bitte eine kurze Begründung Ihrer Auswahl zu jeder der zehn ausgewählten Quellen.

Aufgabe 13
Serviceorientierte Verwaltung im internationalen Vergleich
  Bitte recherchieren Sie im außerdeutschsprachigen Ausland nach drei Kommunen, deren Wirtschafts- und Servicefreundlichkeit bereits auf deren Homepage zum Ausdruck kommt.
Fragen:
- Weshalb hat Sie der jeweilige Internetauftritt der Kommunen überzeugt?
- Wie ließe sich der jeweilige Internetauftritt weiter optimieren?

Geben Sie weiterhin bitte eine kurze Begründung Ihrer Auswahl zu jeder der drei ausgewählten Seiten.

Aufgabe 14
Wirtschaftsfreundlichkeit und serviceorientierte Verwaltung
  Bitte Recherchieren Sie die „wirtschaftsfreundliche Kommune Koblenz".
  Hierzu gibt es von der IHK Koblenz einen Untersuchungsbericht (PDF-Dokument) zu der Unternehmensbefragung zur „Wirtschaftsfreundlichkeit" aus dem Winter 2003/2004.
  Bitte lesen Sie diesen Text durch und bearbeiten im Anschluss die folgenden Aufgaben:
1) Erarbeiten Sie kurz die Ergebnisse dieser Untersuchung und nehmen Sie dazu Stellung.
2) Vergleichen Sie ihre Ergebnisse mit den 14 Gütekriterien der Gütegemeinschaft mittelstandorientierte Kommunalverwaltung e.V.
3) Abschließend nehmen Sie bitte Stellung bezüglich der Aussage zur wirtschaftsfreundlichen Kommune: „Von diesen Vorzügen profitieren vor allem die Unternehmen und deren Geschäftspartner im nahe gelegenen Umfeld"

Aufgabe 15
Die Bedeutung von Verwaltungen als Standortfaktor sollte deutlich geworden sein. Wodurch ergibt sich in diesem Bereich mögliches Konfliktpotenzial?

Aufgabe 16
Arbeitsanweisung:
Lesen Sie zunächst aufmerksam die Seiten 365 – 380 der Monographie von Göbel, André 2013: Kommunalverwaltung und Wirtschaftsförderung als Standortfaktor für Unternehmen.
Fassen Sie auf mind. vier Seiten die Handlungsempfehlungen von Göbel mit eigenen Worten zusammen.
Falls Sie die Möglichkeit dazu haben, diskutieren Sie die Empfehlungen bitte mit Mitarbeiterinnen und Mitarbeitern aus dem Verwaltungsbereich.
Falls Sie selbst Mitarbeiterin oder Mitarbeiter einer Verwaltung sind, wenden Sie die Vorschläge bitte auf Ihren Arbeitsbereich an.
Mit welchen Schritten würden Sie beginnen?

Aufgabe 17
„Passierschein A 38"
Arbeitsanweisung:
Welche Erfahrungen machten die beiden Comicfiguren Asterix und Obelix mit der „antiken Bürokratie"?
Bitte sehen Sie sich dazu zunächst den Film „Asterix erobert Rom" an.
https://www.youtube.com/watch?v=lIiUR2gV0xk

a) Mit welchen Klischees von Bürokratie arbeiten die Autoren?
b) Woraus ergibt sich die Situationskomik?
c) Wie ist es um die Serviceorientierung der dargestellten Verwaltungsmitarbeiterinnen und -mitarbeiter bestellt?
d) Welche Auswirkungen hat das Erscheinen des Vorgesetzten auf die Angestellten?
e) Welche Strategie im Umgang mit Behörden verfolgen schließlich Asterix und Obelix?
f) Welche Empfehlungen würden Sie als „antiker Organisationsberater" der Leitung dieser antiken Bürokratie geben?

Bitte beantworten Sie die aufgeworfenen Fragen schriftlich. Ihr Gesamttext zu Frage 17 sollte mindestens 4 Seiten umfassen.

Aufgabe 18
„Modern Times"
Arbeitsanweisung:
Bitte sehen Sie sich dazu zunächst den Film „Modern Times" an. Bitte starten Sie die für die Lösung der Aufgabe bestimmte Sequenz bei Minute 0:00. Relevant sind die nächsten ca. 2 Minuten.
https://www.youtube.com/watch?v=ANXGJe6i3G8

2.4 Interkommunale Kooperationen auf den Gebieten Verwaltung und Wirtschaftsförderung

a) Bitte recherchieren Sie im Internet den historischen und gesellschaftlichen Rahmen dieses Filmes.
b) Wie wird die Fließbandproduktion dargestellt?
c) Wie kommt der Protagonist mit den gezeigten Produktionsbedingungen zurecht?
d) Welche Möglichkeiten der Qualitätskontrolle werden von dem Führungspersonal wahrgenommen?
e) Was halten Sie von der filmischen Aufarbeitung der sich rasant ändernden Arbeitsbedingungen?

Bitte beantworten Sie die aufgeworfenen Fragen schriftlich.
Ihr Gesamttext zu Frage 18 sollte mindestens 2 Seiten umfassen.

Aufgabe 19
„Großer Preis des Mittelstandes"
Arbeitsanweisung:
Bitte sehen Sie sich dazu zunächst den beigefügten Filmausschnitt an.
http://www.youtube.com/watch?v=m-gl6md6ioI

a) Welche Aussagen werden im Film über die Serviceorientierung des beschriebenen Landkreises getätigt?
b) Wie sieht die Verwaltung ihren Umgang mit Wirtschaftsunternehmen?
c) Wie wird eine mittelstandsfreundliche Zertifizierung herausgestellt?
d) Wie erfolgte die Finanzierung der Zertifizierungen?
e) Welche Serviceversprechen werden gegenüber den Unternehmen abgegeben?
f) Welche Vorteile sehen Sie durch seine Mitwirkung an dem Filmbeitrag für das vorgestellte Unternehmen?
g) Bitte recherchieren Sie im Internet nach weiteren Videos, in denen vorbildliches serviceorientiertes Verhalten von Städten und Landkreisen herausgestellt wird.

Bitte beantworten Sie die aufgeworfenen Fragen schriftlich.
Ihr Gesamttext zu Frage 19 sollte mindestens 4 Seiten umfassen.

Aufgabe 20
Arbeitsanweisung:
Bitte recherchieren Sie im Internet zur Telefonnummer 115
    beispielsweise unter www.115.de
    oder http://www.115.de/DE/Startseite/startseite_node.html

a) Weshalb wurde dieser Service eingerichtet?
b) Für wie umfassend erachten Sie die im Internet dargestellten Informationen zur Telefonnummer 115.

c) Wo könnte zukünftig der Nutzen auch für Unternehmen durch die Einrichtung der Rufnummer 115 liegen?
d) Haben Sie die 115 bereits selbst für Ihre eigenen Anliegen genutzt?

Bitte beantworten Sie die aufgeworfenen Fragen schriftlich.
Ihr Gesamttext zu Frage 20 sollte mind. 1 Seite umfassen.

Aufgabe 21
a) Was wird im englischsprachigen Ausland unter „Red tape" verstanden?
b) Bitte recherchieren Sie den Begriff und seine Hintergründe.

Literatur

Alfes, K., & Gerz, K. (2004). *Die Kommunalverwaltung auf dem Weg zur Bürgerorientierung.* http://www.informdoku.de/pdfs/kommunalverwaltungbuergerorientierung.pdf Zugegriffen am 24.04.2016.
Amann, A. (1996). *Soziologie: ein Leitfaden zu Theorien, Geschichte und Denkweisen* (4. Aufl.). Wien: Böhlau Verlag Ges.m.b.H. und Co.KG.
Bertelsmann Lexikon Verlag. (1996). Weltgeschichte. In H. Pleticha (Hrsg.), *Aufklärung und Revolution*, (Bd. 8). Gütersloh: Verlagsgruppe Bertelsmann.
Crainer, S. (1999). *Managementtheorien, die die Welt verändert haben. Peter Drucker, Tom Peters, Charles Handy und Co.* Niedernhausen im Taunus: Falken Verlag.
Dallmann, B., & Richter, M. (2012). *Handbuch der Wirtschaftsförderung. Praxisleitfaden zur kommunalen und regionalen Standortentwicklung* (1. Aufl.). Freiburg im Breisgau: Haufe Lexware.
DStgB. (2008). Aufgaben, Organisation und Schwerpunkte der kommunalen Wirtschaftsförderung – Umfrage zur Wirtschaftsförderung in kreisangehörigen Städten und Gemeinden unter 50.000 Einwohnern. GEWERBEMonitor 2007/2008, Ergebnisbericht 2008 LINDAUER QUALITÄT & MARKTFORSCHUNG. Mainz.
Fuchs-Heinritz, W. et al. (Hrsg.). (1994). Lexikon zur Soziologie (3. Aufl.). Opladen. Westdeutscher Verlag.
Glaser, M. (2007). Internationales Sozialverwaltungsrecht. In C. Möllers, A. Voßkuhle & C. Walter (Hrsg.), *Internationales Verwaltungsrecht: Eine Analyse anhand von Referenzgebieten* (Bd. 93). Tübingen: Mohr Siebeck.
Göbel, A. (2013). *Kommunalverwaltung und Wirtschaftsförderung als Standortfaktor für Unternehmen. Forschungsbeiträge zum Public Management* Fachbereich Verwaltungswissenschaften der Hochschule Harz (Hrsg.) (Bd. 7). Berlin: LIT Verlag Dr. W. Hopf.
Graeber, D. (2014). *Schulden. Die ersten 5000 Jahre* (1. Aufl.). München: Wilhelm Goldmann Verlag.
Häußermann, H., & Siebel, W. (1987). *Neue Urbanität* (1. Aufl.). Frankfurt am Main: Suhrkamp Verlag.
Heinritz, W., Lautmann, R., Rammstedt, O., & Wienold, H. (1994). *Lexikon zur Soziologie* (3. völlig neu bearbeitete und erweiterte Aufl.). Opladen: Westdeutscher Verlag.
Hoffmann, J. (2005). *Rechtsschutz und Haftung im europäischen Verwaltungsverbund.* Berlin.
Hollbach-Grömig, B., & Floeting, H. (2008). Kommunale Wirtschaftsförderung 2008: Strukturen, Handlungsfelder, Perspektiven. Difu-Paper. Deutsches Institut für Urbanistik (Hrsg.). Berlin: Deutsches Institut für Urbanistik.
Kindler, H., & Hilgemann, W. (1992). *dtv-Atlas zur Weltgeschichte. Karten und chronologischer Abriss* (Bd. 1). München. Deutscher Taschenbuch Verlag.
Miegel, M. (2005). *Epochenwende. Gewinnt der Westen die Zukunft?* Berlin: Propyläen Verlag.
Schedler, K. & Proeller, I. (2006). New Public Management. (3. vollständig überarbeitete Auflage). Bern: Haupt Verlag.

Schimank, U. (2001). Gruppen und Organisationen. In H. Joas (Hrsg.), *Lehrbuch der Soziologie*, (S. 199–222). Frankfurt/New York: Campus Verlag.
Steinrücken, T. (2011). *Wirtschaftsförderung & Standortpolitik. Eine Einführung in die Ökonomik unternehmensorientierter Wirtschaftspolitik* (1. Aufl.). Norderstedt: BoD.
Vogelgesang, M. (2013). Neue Optionen – Durch bürgerliches Engagement komplementierte Wirtschaftsförderung und kommunale Beschäftigungspolitik. In F.-R. Habbel & J. Stember (Hrsg.), *Wissenstransfer zwischen Hochschule und Kommunen. Forschungsbeiträge zum Public Management* (Bd. 6, 1. Aufl., S.167–197). Münster/Westf: LIT Verlag.
Vogelgesang, M. „Optimierung kommunaler Wirtschaftsförderung durch das Engagement ehrenamtlicher Kompetenzträger" im Rahmen der Tagung „KGSt Vergleichsring Wirtschaftsförderung". Vortrag. 06.05.2011.
Weber, M. (1921). *Wirtschaft und Gesellschaft, Grundriß der verstehenden Soziologie*. Tübingen: Mohr.
Weber, H. (1993). Soziologie: Verwaltung und Technologie. Discussion papers Nr. 3–01. Kaiserslautern.

Quellen aus dem Internet

Arbeitsmarktmentoren. http://www.arbeitsmarktmentoren.de/index.php/ueber-uns. Zugegriffen am 16.01.2014.
Asterix und Obelix erobern Rom (Passierschein A38). https://www.youtube.com/watch?v=lIiUR2g-V0xk. Zugegriffen am 10.11.2015.
Behördennummer 115. http://www.115.de/DE/ueber_115/115_in_kuerze/115_in_kuerze_node.html Zugegriffen am 24.04.2016.
Großer Preis des Mittelstandes. http://www.youtube.com/watch?v=m-gl6md6ioI. Zugegriffen am 18.11.2015.
Güteversprechen für attraktive Investitionsstandorte. http://www.public-manager.com/aktuelles/einzelansicht/archive/2011/march/article/ral-guetezeichen-mittelstandsorientierte-kommunalverwaltung-schafft-klaren-vorteil-im-standortwettbewerb.html. Zugegriffen am 23.11.2015.
http://www.duden.de/rechtschreibung/Service_Dienstleistung_Betreuung. Zugegriffen am 09.11.2015.
http://www.kreis-hoexter.de/politik-verwaltung/verwaltung/presse/pressemitteilungen/pressemitteilungen-2009/20091111-pressemitte. Zugegriffen am 09.11.2015.
Industriegebiet Nord Kaiserslautern Nr. 2. http://www3.kaiserslautern.de/wfk-kl/media/Gewerbegebiete/05_IG-Nord_Erweiterung.pdf. Zugegriffen am 10.11.2015.
ISO 9000. (2005). ftp://trabant.tr.fh-hannover.de/Schwarzes_Brett/Schluenz/BA-TR/BTR4-QM/Normen%20nur%20fuer%20die%20LV/DIN_EN_ISO_9000_2005.pdf. Zugegriffen am 18.11.2015.
Modern Times. https://www.youtube.com/watch?v=ANXGJe6i3G8. Zugegriffen am 23.11.2015.
Qualitätsmanagement mal anders. http://www.koenigleiserschulen.de/bilder/qualitaet-1.gif. Zugegriffen am 10.11.2015.
Wettbewerb mittelstandsfreundlicher Kommunen. http://www.mittelstandsfreundliche-kommunen.de/home/startseite.htm. Zugegriffen am 23.11.2015.
Wirtschaftsfreundliche Kommune Höxter. https://www.hoexter.de/portal/seiten/wirtschaftsfreundliche-verwaltung-908000100-22101.html?s_sprache=de&rubrik=908000007. Zugegriffen am 10.11.2015.

Gesamtresümee und Abschlusskontrolle 3

Zusammenfassung

Auf dem langen Weg hin zu einer Serviceorientierung von Verwaltung und Wirtschaftsförderung haben manche bundesdeutschen Kommunen bereits einen beachtlichen Weg zurückgelegt und die Thematik als zentrale Aufgabe verstanden. Eine gute Richtschnur für einen derartigen Kurs bieten beispielsweise die 14 vorgestellten RAL-Serviceversprechen.

Auf dem langen Weg hin zu einer Serviceorientierung von Verwaltung und Wirtschaftsförderung haben manche bundesdeutschen Kommunen bereits einen beachtlichen Weg zurückgelegt und die Thematik als zentrale Aufgabe verstanden. Eine gute Richtschnur für einen derartigen Kurs bieten beispielsweise die 14 vorgestellten RAL-Serviceversprechen.

Andere Kommunen stehen mit ihren Verwaltungen und Wirtschaftsförderungseinrichtungen noch ganz am Anfang einer serviceorientierten Entwicklung.

Nach dem derzeitigen Stand der Dinge dürften sich die bereits vorhandenen diesbezüglichen Disparitäten in der Bundesrepublik Deutschland in den nächsten Jahren noch ausweiten. Die Schere zwischen serviceorientierten und „serviceignoranten" Kommunen dürfte sich also weiter öffnen und entscheidend über ökonomischen Erfolg oder Misserfolg der jeweiligen Region und ihrer Unternehmen beitragen.

Leitungen und Mitarbeiterinnen und Mitarbeiter von Verwaltungen und Wirtschaftsförderungseinrichtungen stehen vor einer beachtlichen Herausforderung. Es gilt, die Kundenbedürfnisse und Kundenerwartungen zu erfassen (u. a. mittels regelmäßiger Befragungen) und als ein berechtigtes und zentrales Anliegen in die tägliche Arbeit von Verwaltung und Wirtschaftsförderung zu integrieren.

Ebenso sollte ein institutionalisierter Fachdialog mit anderen Kommunen aufgenommen werden und eine Fokussierung auf die jeweiligen Best-Practice Bespiele erfolgen.

Neben dem interkommunalen Dialog böte auch die regelmäßige Zusammenarbeit mit Hochschulen für die Kommunen die Chance einer Standortbestimmung und einer Generierung von neuem Wissen.

Von besonderer Bedeutung wird darüber hinaus die Implementierung einer serviceorientierten Denk- und Verhaltensweise in den spezifischen Ausbildungen der zukünftigen Belegschaften von Verwaltung und Wirtschaftsförderung sein. Gerade hier haben die genannten Institutionen durch Ausbildung und berufliche Sozialisation mit Schwerpunkt Serviceorientierung die Chance einer (weiteren) zukünftigen Optimierung ihrer Kundenorientierung.

Allerdings darf die Beschäftigung mit der jeweiligen Serviceorientierung, beispielsweise im Rahmen eines Qualitätsmanagementsystems, niemals Selbstzweck sein und sich beispielsweise in einer Darstellung in Hochglanzbroschüren erschöpfen, sondern muss den Kunden tatsächlich in den Mittelpunkt stellen. Es gilt eine Kultur der Serviceorientierung zu schaffen und tagtäglich zu leben. Dabei sollte die Leitung von Verwaltung und Wirtschaftsförderung jeweils mit gutem Beispiel vorangehen und besonders serviceorientiertes Verhalten der Mitarbeiterinnen und Mitarbeiter regelmäßig loben. Wenn sich auch ein engagiertes und serviceorientiertes Verhalten in Beförderungschancen und den Möglichkeiten zum Aufstieg in den besagten Organisationen wiederfände, könnte zukünftig eine Kultur ganzheitlicher Kundenorientierung entstehen und so die Wettbewerbsfähigkeit der Kommunen deutlich gesteigert werden.

Abschließend soll auf die von Göbel erarbeiteten „Handlungsempfehlungen für Politik und Verwaltung" verwiesen werden. Allerdings können die Empfehlungen an dieser Stelle aus Platzgründen nur angerissen werden. Es wird geraten, die 15-seitige Darstellung (Göbel (2013, S. 365–380)) der Empfehlungen im Original zu lesen und zum Gegenstand eigener Reflexion mit dem Thema zu machen.

„Das Reformverständnis der modernen öffentlichen Verwaltung orientiert sich häufig an betriebswirtschaftlichen Managementtheorien, welche im Sinne des zugrunde liegenden New Public Managements das Handeln der öffentlichen Verwaltung in Kundenorientierung, Leistungs-/Wirkungsorientierung sowie Qualitäts- und Wettbewerbsorientierung als strategische Ziele neu definieren [...]. Durch die Übertragung dieser wirtschaftsbezogenen Managementtheorien auf die öffentliche Verwaltung wird diese inzwischen als eine Dienstleistungsinstitution zur Wahrnehmung öffentlicher Aufgaben interpretiert. [...] Diese Rolle ist für die öffentliche Verwaltung nach wie vor ungewohnt, was durch Schwächen bei der Anwendung moderner Managementinstrumente im Tagesgeschäft der Kommunalverwaltungen offensichtlich wird." Göbel (2013, S. 365).

Strategische Steuerung
„Bei der Entwicklung von strategischen Standortkonzepten, unabhängig davon, ob sie infrastruktureller oder prozessualer Natur, müssen sich die kommunalen Akteure aus Politik und Verwaltung bewusst sein, dass unternehmensorientierte Verwaltungs- und Stadtentwicklung aufgrund des stetigen gesellschaftlichen und wirtschaftlichen Wandels ein kontinuierlicher Prozess ist. Die Herausforderungen des weltweiten Strukturwandels werden auch eine permanente Überprüfung und Anpassung der Standortbedingungen zur Folge haben." Göbel (2013, S. 365 f.).

> **Unternehmerbüros als einheitliche Ansprechpartner**
> „Dabei ist die konsequente Einrichtung einer zentralen Ansprechstelle für Unternehmen ein wesentlicher Anknüpfungspunkt für Modernisierungen in den Kommunen. […] Aus den Erkenntnissen der Fremdbild-Selbstbildanalysen kann abgeleitet werden, dass die Etablierung eines kommunalen Unternehmerbüros mit weitreichender Prozessbündelung von unternehmensrelevanten Verwaltungsverfahren den größten Mehrwert für den Standortfaktor Verwaltung ergeben würde. […] Dem entsprechend sind etablierte Verwaltungsverfahren den Bedürfnissen von Unternehmen anzupassen." Göbel (2013, S. 367 f.).
>
> **Verfahrensmanagement**
> „Hierbei sind prozessbedingte und organisatorische Probleme zu restrukturieren und den Erfordernissen beider Akteure anzupassen. Diese Hindernisse werden auch von Verwaltungsbeschäftigten als häufigste Ursache für eine unzureichende Erbringung wirtschaftsbezogener Dienstleistungen angesehen." Göbel (2013, S. 371).
>
> **Gütekriterien und Servicegarantien**
> „Es ist Aufgabe der Verwaltungssteuerung und der Politik, notwendige Gütekriterien für Verwaltungsverfahren festzulegen und deren Qualität regelmäßig zu evaluieren." Göbel (2013, S. 374).
>
> **Standortkommunikation und Marketing**
> „Werden in der Verwaltung Reformen zur Steigerung der Servicequalität umgesetzt, so sollte eine geeignete Vermarktung dieser Standortqualitäten keinesfalls unterschlagen werden." Göbel (2013, S. 376).

Vor diesem Hintergrund formuliert Göbel die folgenden fünf Handlungsempfehlungen:

3.1 Kontrollfragen

Arbeitsanweisung
Beantworten Sie die folgenden Fragen.
(Mehrfachnennungen sind möglich.)

1) Harte und weiche Standorte unterscheiden sich, da…
   a) weiche Standortfaktoren messbare Strukturfaktoren über Ort und Umfeld sind.
   b) harte Standortfaktoren messbare Strukturfaktoren über Ort und Umfeld sind.
   c) die Bedeutung im Bereich der subjektiven Wahrnehmung anzusetzen ist.

2) Welche der folgenden Faktoren gehören zu den harten Standortfaktoren?
   a) Infrastruktur, Staatliche Förderung, Höhe von Steuern und Abgaben
   b) Wohnqualität und Wohnumfeld, Medizinische Versorgung, Umweltqualität
   c) Arbeitskräfte, Energie- und Umweltkosten, Erschlossene Flächen
3) Verwaltung ist…
   a) eine weisungsungebundene Organisation mit dem Auftrag des Ordnens
   b) staatliche Tätigkeit, die nicht Gesetzgebung, Rechtsprechung oder Regierung ist.
   c) Es gibt keinen Verwaltungsbegriff
4) Welchen Vorteil bringt es aus unternehmerischer Sicht auf den Standortfaktor Verwaltung zu achten?
   a) Keinen, da die Gesetze prägend für sich anbahnende Probleme sind.
   b) Eine effektive Verwaltung erleichtert dem Unternehmen die Arbeit.
   c) Bei einem breit gefächerten Angebot der Verwaltung für Unternehmen, kann man von einem attraktiveren Standort sprechen.
5) Welche Faktoren sind ausschlaggebend für Unternehmen für den Standortfaktor Verwaltung?
   a) Schnelle Auskünfte zum Bearbeitungsstand
   b) Zentrale Ansprechpartner für alle Fragen, Anträge, Genehmigungen und Beschwerden
   c) Kleines kompaktes Angebot der Verwaltung, enggesteckte Öffnungszeiten und verständnislose Mitarbeiter
6) Welcher deutsche Soziologe hat sich ausführlich mit Fragen der Bürokratie beschäftigt?
   a) Max Weber
   b) Norbert Elias
   c) Rainer Neef
7) Wo befindet sich die Politik im Modell von N. Luhmann?
   a) Im Zentrum der modernen Gesellschaft
   b) Sie ist gesellschaftliches Teilsystem und steht neben anderen Teilsystemen
   c) Im Zuge der Auflösung
8) Wann bildete sich die moderne Verwaltung heraus?
   a) Im Hochmittelalter
   b) In der Postmoderne
   c) Im Absolutismus
9) In welchen Bereichen gibt es Formen der Kooperation?
   a) Im Wirtschaftsleben
   b) Unter Pflanzen
   c) Zwischen Staaten
10) Wo entsteht die Grundsozialisation?
    a) Bei Gleichaltrigen
    b) In der Familie
    c) Im Beruf

3.1 Kontrollfragen

11) Was ist eine der Kernaufgaben der WiFö?
    a) Förderung der Existenzgründung
    b) Steuerberatung
    c) Tourismusförderung
12) Wann verliert der charismatische Herrscher seine Macht?
    a) Wenn seine Amtsperiode vorbei ist
    b) Wenn sein Charisma verschwindet
    c) Wenn sein Nachkomme alt genug ist
13) Was sind Vorteile der Bürokratie?
    a) Veränderungsresistenz
    b) Übermaß an Regelung und Kontrolle
    c) Regelsicherheit in allen Bereichen
14) Was ist die Grundfunktion der Verwaltungskooperation?
    a) Erschließung von Informationen
    b) Grenzüberschreitender Austausch von Informationen zwischen Gemeinschaft und Mitgliedsstaat
    c) Größerer Abstimmungsbedarf und Koordinierungsaufwand
15) Welche Bereiche umfasst das Qualitätsmanagement?
    a) Qualitätsablenkung
    b) Qualitätsverbesserung
    c) Qualitätsplanung
16) Welche Aussage trifft bei dem RAL-Gütezeichen Mittelstandsorientierte Kommunalverwaltung zu?
    a) Die Verwaltungen verpflichten sich zu „14 Serviceversprechen.
    b) Überprüfung erfolgt alle fünf Jahre durch ein neutrales Institut.
    c) Durch standardisierte Kriterien kann die Qualität der Verwaltungsleistung nachvollziehbar gemacht werden
17) Welche Motive der Kooperation zwischen WiFÖ und Verwaltung gibt es?
    a) Organisationsinterne Vorgaben
    b) Anweisung des Verwaltungschefs
    c) Vereinfachung von Abläufen
18) Welche Rolle übernimmt die WiFö bei Verhandlungen zwischen Unternehmen und Ämtern?
    a) Sie vertritt gegenüber den Ämtern die Belange der Unternehmen
    b) Sie tritt als Vermittler auf
    c) Sie vertritt die Belange der Ämter
19) Was sind die Kennzeichen des Absolutismus?
    a) Monarch wird gewählt
    b) Regierungsform der unbeschränkten Herrschaft
    c) Zentralisation der Verwaltung

20) Was ist der reinste Typus der legalen Herrschaft?
    a) Bürokratie mit Herrschaft
    b) Reine Bürokratie
    c) Bürokratie mit Verwaltungsstab
21) Welche Folgen können sich für die Kommune bei schlechten Standortbedingungen ergeben?
    a) Fehlende Steuereinnahmen
    b) Abwanderung von Unternehmen
    c) Leistungsangebot verringert sich
22) Wie gestalten sich formelle Kooperationen?
    a) Austausch durch Social-Media
    b) Austausch in der Freizeit
    c) Gemeinsame Projektgruppe
23) Interkommunale Kooperation bedeutet:
    a) Kooperationsformen zwischen mindestens zwei Gemeinden bzw. Gemeindeverbänden
    b) Kooperationsform von zwei oder mehr Kommunen auf weltweiter Ebene
    c) Kooperationsformen zwischen zwei Gemeinden bzw. Gemeindeverbänden
24) Nachteile der interkommunalen Kooperation (mit Bezug auf die Wirtschaftsförderung) sind…
    a) größerer Abstimmungsbedarf & Koordinierungsaufwand
    b) Überwindung von Flächenknappheit
    c) „Kirchturmdenken" bei den beteiligten Akteuren

Literatur

Göbel, A. (2013). In Fachbereich Verwaltungswissenschaften der Hochschule Harz (Hrsg.), *Kommunalverwaltung und Wirtschaftsförderung als Standortfaktor für Unternehmen* (Forschungsbeiträge zum Public Management, Bd. 7). Berlin: Lit Verlag Dr. W. Hopf.

Weiterführende Literatur

Beck, W., & Jürgen, S. (2008). Verwaltungswissenschaften – Aktuelle Probleme und Herausforderungen. In S. Jürgen & B. Wolfgang (Hrsg.), *Verwaltungswissenschaften. Aktuelle Schwerpunkte und Herausforderungen; eine verwaltungswissenschaftliche Bilanz aus Wissenschaft und Praxis* (1. Aufl., Bd. 1, S. 15–46). Münster: Lit-Verlag.

Berlemann, M., & Tilgner, J. (2006). Determinanten der Standortwahl von Unternehmen – ein Literaturüberblick.14–24 Ifo Dresden berichtet.

Blume, L. (2003). *Kommunen im Standortwettbewerb. Theoretische Analyse, volkswirtschaftliche Bewertung und empirische Befunde am Beispiel Ostdeutschlands* (1. Aufl.). Baden-Baden: Nomos-Verl.-Ges.

Brodel, D (Hrsg.). (2008). *Handbuch kommunales Management. Rahmenbedingungen, Aufgabenfelder, Chancen und Herausforderungen*. Wien: Orac-Wirtschaftspraxis. LexisNexis ARD Orac.

Budäus, D. (1998). *Public Management. Konzepte und Verfahren zur Modernisierung öffentlicher Verwaltungen* (4. Aufl., Bd. 2). Berlin: Ed. Sigma.

Bunde, J. (2008). Kommunale Wirtschaftsförderung und E-Government. Informationsmanagement zur Verbesserung der unternehmensorientierten Dienstleistungen. In J. Stember & A. Göbel (Hrsg.), *Verwaltungsmanagement für Unternehmen. Zwischen EU-Dienstleistungsrichtlinie, Bürokratieabbau und Wirtschaftsförderung*. Forschungsbeiträge zum Public Management (1. Aufl., Bd. 2, S. 317–336). Münster/Westf: Lit-Verlag.

Döring, T. (2008). Kommunen und Regionen im Standortwettbewerb – Relevante Erfolgsfaktoren und politische Implikationen. In D. Brodel (Hrsg.), *Handbuch kommunales Management. Rahmenbedingungen, Aufgabenfelder, Chancen und Herausforderungen. Orac-Wirtschaftspraxis* (S. 345–362). Wien: LexisNexis ARD Orac.

Eichhorn, P. (2001). *Öffentliche Dienstleistungen. Reader über Funktionen, Institutionen und Konzeptionen* (1. Aufl.). Baden-Baden: Nomos-Verl.-Ges.

Friedrich, C. (2009). Verwaltungsmodernisierung als Standortfaktor. In M. Hey & K. Engert (Hrsg.), *Komplexe Regionen – Regionenkomplexe. Multiperspektivische Ansätze zur Beschreibung regionaler und urbaner Dynamiken* (1. Aufl., S. 137–151). Wiesbaden: VS Verlag für Sozial-wissenschaften.

Friedrich, P. (1976). *Standorttheorie für öffentliche Verwaltungen*. Univ. Habil.-Schrift, Münster (Westf.) (1. Aufl., Bd. 5). Baden-Baden: Nomos Verl.-Ges.

Girschner, W. (1990). *Theorie sozialer Organisationen. Eine Einführung in Funktionen und Perspektiven von Arbeit und Organisation in der gesellschaftlich-ökologischen Krise*. Weinheim/München: Juventa Verlag.

Götz, C. (1999). *Kommunale Wirtschaftsförderung zwischen Wettbewerb und Kooperation.* Univ, Diss. – Regensburg, 1998 (Bd. 51). Hamburg: Kovač.

Grabow, B. (2005). Weiche Standortfaktoren in Theorie und Empirie – ein Überblick. In F. Thießen, O. Cernavin, M. Führ & M. Kaltenbach (Hrsg.), *Weiche Standortfaktoren. Erfolgsfaktoren regionaler Wirtschaftsentwicklung; interdisziplinäre Beiträge zur regionalen Wirtschaftsforschung.* Volkswirtschaftliche Schriften (Bd. 541, S. 37–52). Berlin: Duncker & Humboldt.

Grabow, B., Engeli, C., Henckel, D., Hollbach-Grömig, B., & Rauch, N. (1995a) *Bedeutung weicher Standortfaktoren in ausgewählten Städten.* Fallstudien zum Projekt „Weiche Standortfaktoren" (8/95). Berlin: Deutsches Institut für Urbanistik.

Grabow, B., Henckel, D., & Hollbach-Grömig, B. (1995b). *Weiche Standortfaktoren* (Bd. 89). Stuttgart/Berlin: Kohlhammer [u. a.].

Habbel, F-R, & Huber, A. (Hrsg.). (2010) *Wirtschaftsförderung 2.0. Erfolgreiche Strategien der Zusammenarbeit von Wirtschaft, Verwaltung und Politik in Clustern und sozialen Netzwerken. Web 2.0.* Boizenburg: vwh Hülsbusch.

Habbel, F.-R., & Jürgen, S. (2013). *Wissenstransfer zwischen Hochschule und Kommune.* Forschungsbeiträge zum Public Management (Bd. 6). Berlin: Lit Verlag Dr. W. Hopf.

Haug, P. (2004). Kommunale Wirtschaftsförderung. Eine theoretische und empirische Analyse. Zugl.: Hamburg, Univ. der Bundeswehr, Diss, 2003 (Bd. 97). Hamburg: Kovač.

Heinemann, G., & Haug, A. (Hrsg.). (2010). *Web-Exzellenz im E-Commerce. Innovation und Transformation im Handel.* Wiesbaden: Gabler Lehrbuch. Gabler Verlag/GWV Fachverlage GmbH Wiesbaden.

Heidemann, H. (2010). Wie zeitgemäß ist die Verwaltung in Deutschland? In D. Schimanke, W. Jann & H. P. Bull (Hrsg.),*Verwaltung und Raum. Zur Diskussion um Leistungsfähigkeit und Integrationsfunktion von Verwaltungseinheiten* (1. Aufl., S. 15–36). Nomoa, Baden-Baden.

Heinz, W. (2008). *Der große Umbruch. Deutsche Städte und Globalisierung* (Bd. 6). Berlin: Dt. Inst. Für Urbanistik.

Hochschule Harz und Materna GmbH. (2009) *Abschlussbericht zur EU-DLR-Studie 2008: Umsetzung der EU-Dienstleistungsrichtlinie.* Hochschule Harz und Materna GmbH (Hrsg.), Halberstadt: Dortmund.

Hochschule Harz und Materna GmbH. (2010) *Zweite Studie: Umsetzungsstand 2009/2010. Umsetzungsstand in der deutschen Kommunalverwaltung.* Hochschule Harz und Materna GmbH (Hrsg.), Halberstadt: Dortmund.

Kenndey, P. (1991). *Aufstieg und Fall der großen Mächte. Ökonomischer Wandel und militärische Konflikte von 1500 bis 2000.* Frankfurt am Main: S. Fischer Verlags GmbH.

KGSt. (2008a). *Die EU-Dienstleistungsrichtlinie: Jetzt wird es ernst mit dem Wettbewerb um die Unternehmensgunst! KGSt Positionspapier.* Kommunale Gemeinschaftsstelle für Verwaltungsmanagement (Hrsg.), Köln.

KGSt. (2008b). *EU-Dienstleistungsrichtlinie: Kommunale Leistungen mit Relevanz. Priorisierte Leistungslisten und Portfolioanalysen als Hilfestellung für die Praxis. KGSt Bericht 2.* KGSt (Hrsg.), Köln: Kommunale Gemeinschaftsstelle für Verwaltungsmanagement.

Lange, N. de. (1989). *Standortpersistenz und Standortdynamik von Bürobetrieben in westdeutschen Regionalmetropolen seit dem Ende des 19. Jahrhunderts. Ein Beitrag zur geografischen Bürostandortforschung.* Univ, Habil.-Schr.–Münster, 1987, (Bd. 31). Paderborn: Schöningh.

Meier, J. (2011). *Standortfaktoren im Wandel? Erkenntnisse aus der Forschung zu Standortfaktoren und Standortwahl von Unternehmen.* Berlin: Difu.

Meyer-Stamer, J. (1999). Lokale und regionale Standortpolitik. Konzepte und Instrumente jenseits von Industriepolitik und traditioneller Wirtschaftsförderung. INEF Report 39. Institut für Entwicklung und Frieden an der Gerhard-Mercator-Universität Duisburg (Hrsg.), Duisburg.

Möllers, C., Andreas, V., & Walter, C. (2007). *Internationales Verwaltungsrecht: Eine Analyse anhand von Referenzgebieten.* Tübingen: Mohr Siebeck.

Reschl, R., Rogg, W., & Besenfelder, S. (2003). *Kommunale Wirtschaftsförderung, Standortdialog und Standortentwicklung in Kommunen und Regionen.* Sternenfels: Verlag Wissenschaft u. Praxis.
Sedlacek, P. (1994). *Wirtschaftsgeografie. Eine Einführung* (2. Aufl.). Wiss. Buchges: Darmstadt.
Stegbauer, C., & Häußling, R. (Hrsg.). (2010). *Handbuch Netzwerkforschung. Netzwerkforschung* (1. Aufl., Bd. 4). Wiesbaden: VS Verlag für Sozialwissenschaften/GWV Fachverlage GmbH.
Stember, J. (1992). *Kommunale Wirtschaftsförderung im ländlichen Raum. Grundlagen und Aufgaben einer innovationsorientierten Wirtschaftsförderung im Kreis Soest als Beispiel für einen ländlich geprägten Flächenkreis.* Münster: Lit-Verlag.
Stember, J. (1997) *Kommunale Wirtschaftsförderung. Innovation zwischen Regionalisierung, Globalisierung und Verwaltungsreform* (Bd. 2). Bornheim/Bonn: Dt. Kommunalverl.
Stember, J., & Göbel, A. (Hrsg.). (2008). *Verwaltungsmanagement für Unternehmen. Zwischen EU-Dienstleistungsrichtlinie, Bürokratieabbau und Wirtschaftsförderung.* Forschungsbeiträge zum Public Management (1. Aufl., Bd. 2). Münster/Westf: Lit-Verlag.
Stember, J. (2010). Wirtschaftsförderung als organisatorische Herausforderung für die Verwaltungen. In F.-R. Habbel & A. Huber (Hrsg.), *Wirtschaftsförderung 2.0. Erfolgreiche Strategien der Zusammenarbeit von Wirtschaft, Verwaltung und Politik in Clustern und sozialen Netzwerken. Web 2.0.* (S. 180–199). Boizenburg: vwh Hülsbusch.
Vieweg, H.-G. (1997). Die öffentliche Verwaltung als Standortfaktor. *Ifo Schnelldienst, 50,* 18–24.
Wimmer, N. (2010). Die Organisationsprinzipien der Verwaltung. In N. Wimmer (Hrsg.), *Springers Handbücher der Rechtswissenschaft* (2. Aufl., S. 169–185). Wien: Springer-Verlag. 123.

Quellen aus dem Internet

Bertelsmann Stiftung, Accenture und Call NRW 2003. Standortfaktor Verwaltung. E-Government und Kundenservice in Nordrhein-Westfalen. http://www.bertelsmann-stiftung.de/cps/rde/xbcr/SID-56B948B9-D0871C82/bst/xcms_bst_dms_18429_18430_2.pdf. Zugegriffen am 17.01.2012.
Eichhorn, R. Wirtschaftsförderung in Deutschland – Starres Raster oder Bauchgefühl ? http://www.euroinstitut.org/pdf/Download-Unterlagen/2010-Wirtschaftsfoerderung/D_veloppement__co_-_Karlsruhe.pdf. S. 2–3. Zugegriffen am 16.10.2013.
Friedrich Ebert Stiftung Kommunal Akademie. http://library.fes.de/pdf-files/akademie/kommunal/08975/kapitel_13.pdf. Zugegriffen am 23.01.2014.
Gabler Wirtschaftslexikon. Kommunale Wirtschaftsförderung. http://wirtschaftslexikon.gabler.de/Archiv/71538/kommunale-wirtschaftsfoerderung-v6.html. Zugegriffen am 16.10.2013.
Gütegemeinschaft Mittelstandortorientierte Kommunalverwaltungen e.V. Pressemittelung – Gute Arbeit der Kreisverwaltung Höxter wird erneut mit RAL-Gütesiegel bestätigt. http://www.gmkev.de/de/presse/gute-arbeit-der-kreisverwaltung-hoexter-wird-erneut-mit-ral-guetesiegel-bestaetigt/. Zugegriffen am 10.01.2014.
Heinrich Böll Stiftung, Kommunalwiki. Gemeinschaftsaufgabe Verbesserung der regionalen Wirtschaftsstruktur. Zugegriffen am 18.01.2013.
Heinrich Böll Stiftung. Gemeinschaftsaufgabe Verbesserung der regionalen Wirtschaftsstruktur. http://kommunalwiki.boell.de/index.php/Gemeinschaftsaufgabe_Verbesserung_der_regionalen_Wirtschaftsstruktur. Zugegriffen am 16.10.2013.
Kreis Höxter. Pressemittelung- RAL-Gütesiegel bestätigt erneut gute Arbeit der Kreisverwaltung. http://www.kreis-hoexter.de/politik-verwaltung/verwaltung/presse/pressemitteilungen/pressemitteilungen-2012/20120217ral-guetezei. Zugegriffen am 10.01.2014.
Landgericht Trier. (2000). Unzulässigkeit der kostenlosen Beratung durch die öffentliche Hand. http://www.rechtplus.de/urteile/urteile_aktuell.php?urt=u5_23.php. Zugegriffen am 24.04.2012.

Mittelstandfreundliche Kommunen. http://www.mittelstandsfreundliche-kommunen.de/infothek/content/fes(2012)_kapitel_13-wirtschaftsfoerderung.pdf. Zugegriffen am 21.01.2014.

RAL GMKeV. (2006). Güte- und Prüfbestimmungen für mittelstandsorientierte Kommunalverwaltungen. http://www.gmkev.de/downloads/guete-und_pruefbestimmungen_stand_18.07.2006.pdf. Zugegriffen am 28.06.2010.

RAL GMKev. (2012). Kostenrechner für die RAL Gütezertifizierung „Mittelstandsorientierte Kommunalverwaltung". http://www.gmkev.de/de/mitgliedschaft/kosten/. Zugegriffen am 21.09.2012.

Stadt Mannheim. (2012). Projekt Change[2]. Mannheim revolutioniert das kommunale Handeln. http://www.mannheim.de/stadt-gestalten/change. Zugegriffen am 26.02.2012.

Oberbergischer Kreis und Kommunen für „Großen Preis des Mittelstand" nominiert http://www.youtube.com/watch?v=m-gl6md6ioI. Zugegriffen am 16.01.2014.

 springer-gabler.de

Das Gabler Wirtschaftslexikon – aktuell, kompetent, zuverlässig

Springer Fachmedien
Wiesbaden, E. Winter (Hrsg.)
Gabler Wirtschaftslexikon
18., aktualisierte Aufl. 2014. Schuber, bestehend aus 6 Einzelbänden, ca. 3700 S. 300 Abb. In 6 Bänden, nicht einzeln erhältlich. Br.
* € (D) 79,99 | € (A) 82,23 | sFr 100,00
ISBN 978-3-8349-3464-2

- Das Gabler Wirtschaftslexikon vermittelt Ihnen die Fülle verlässlichen Wirtschaftswissens
- Jetzt in der aktualisierten und erweiterten 18. Auflage

Das Gabler Wirtschaftslexikon lässt in den Themenbereichen Betriebswirtschaft, Volkswirtschaft, aber auch Wirtschaftsrecht, Recht und Steuern keine Fragen offen. Denn zum Verständnis der Wirtschaft gehört auch die Kenntnis der vom Staat gesetzten rechtlichen Strukturen und Rahmenbedingungen. Was das Gabler Wirtschaftslexikon seit jeher bietet, ist eine einzigartige Kombination von Begriffen der Wirtschaft und des Rechts. Kürze und Prägnanz gepaart mit der Konzentration auf das Wesentliche zeichnen die Stichworterklärungen dieses Lexikons aus.

Als immer griffbereite „Datenbank" wirtschaftlichen Wissens ist das Gabler Wirtschaftslexikon ein praktisches Nachschlagewerk für Beruf und Studium - jetzt in der 18., aktualisierten und erweiterten Auflage. Aktuell, kompetent und zuverlässig informieren über 180 Fachautoren auf 200 Sachgebieten in über 25.000 Stichwörtern. Darüber hinaus vertiefen mehr als 120 Schwerpunktbeiträge grundlegende Themen.

€ (D) sind gebundene Ladenpreise in Deutschland und enthalten 7% MwSt; € (A) sind gebundene Ladenpreise in Österreich und enthalten 10% MwSt. sFr sind unverbindliche Preisempfehlungen. Preisänderungen und Irrtümer vorbehalten.

Jetzt bestellen: springer-gabler.de

ERFOLGREICH STUDIEREN: NEBEN DEM BERUF!

EBS Bachelor of Science in General Management – Part-time.

Entscheiden Sie sich für ein BWL-Studium an der EBS und verbinden Sie die Eigenschaften eines qualitativ hochwertigen Universitätsstudiums mit den speziellen Anforderungen eines Teilzeitstudiums in Bezug auf Studienstruktur, Lernformate, Flexibilität und Service.

In Kooperation mit

INFOS UND ANMELDUNG:
springer-campus.de

- exzellente und praxisnahe Lehre
- umfangreiche Kontakte in die Wirtschaft
- optionaler Auslandsaufenthalt an renommierten Partneruniversitäten
- flexibles Programm, ausgerichtet auf Ihre Bedürfnisse
- intensive Betreuung, Coaching und Career Service
- kleine Lerngruppen und Campus-Atmosphäre
- umfangreiches Lehrmaterial aus der Online-Bibliothek des Springer Verlages

EBS Business School
Rheingaustraße 1
65375 Oestrich-Winkel/Germany
www.ebs.edu

EBS≣ Universität

The manufacturer's authorised representative in the EU is Springer Nature Customer Service Centre GmbH, Europaplatz 3, 69115 Heidelberg, Germany. If you have any concerns regarding our products, please contact ProductSafety@springernature.com

Printed and bound by CPI Group (UK) Ltd, Croydon, CR0 4YY

23/03/2026

02076394-0014